DE LA
LÉGISLATION ANGLAISE

EN MATIÈRE

DE NAUFRAGES ET D'AVARIES

PAR

M. LANGLET

Consul général de France à Moscou, ancien consul de France à Liverpool

Extrait de la *Revue maritime et coloniale* (1869).

PARIS

CHALLAMEL AÎNÉ, LIBRAIRE-ÉDITEUR

COMMISSIONNAIRE POUR LA MARINE ET LES COLONIES

30, rue des Boulangers, et 27, rue de Bellechasse.

1869

DE LA

LÉGISLATION ANGLAISE

EN MATIÈRE DE

NAUFRAGES ET D'AVARIES.

Des Naufrages.

---

1. — Utilité pour les capitaines français de connaître la législation anglaise.

Indépendamment des prescriptions qui leur sont tracées par la législation de leur pays, les capitaines de la marine marchande française qui fréquentent les ports du Royaume-Uni auront souvent à tenir compte des règles de la législation anglaise. C'est surtout en matière de naufrage, de sauvetage et d'avaries qu'il importe aux capitaines de savoir exactement comment ils devront agir vis-à-vis des autorités locales, à quelles formalités ou à quelles dispositions légales ils seront assujettis lorsque des intérêts étrangers se trouvent mêlés à des intérêts français, et comment ils auront à débattre et à concilier ces intérêts divers, soumis quelquefois à des règles différentes et contradictoires.

2. — Droit commercial maritime de l'Angleterre.

Le droit commercial maritime en Angleterre, applicable aux sauvetages et avaries, s'est formé successivement par la jurisprudence.

Plusieurs actes du Parlement, et notamment les actes sur la marine marchande en date du 10 août 1854 et du 14 août 1855 contiennent de nombreuses dispositions relatives aux naufrages, accidents de mer et sauvetages ; mais bien qu'ils renferment quelques prescriptions de droit civil, ils ont plutôt pour objet de régler la police des ports et des côtes. Les obligations imposées aux capitaines en cas de naufrage ou d'avaries ont été fixées par des décisions qu'ont rendues les cours d'amirauté siégeant comme tribunaux de première instance ou comme cours d'appel, et sont basées sur le droit commun, quelquefois sur d'anciennes lois, telles que les rôles d'Oléron, le Guidon de la mer, les lois de Wuisby et notre célèbre ordonnance de la marine.

3. — Règles générales consacrées par la jurisprudence.

Les contestations maritimes dans le Royaume-Uni sont jugées en dernier ressort par la haute cour d'amirauté d'Angleterre, la haute cour d'amirauté d'Irlande, la haute cour d'amirauté ou cour de session d'Ecosse. C'est donc en se référant aux arrêts de ces cours qu'il est permis de faire connaître le droit actuel. Il est impossible de déterminer des règles spéciales pour tous les accidents de mer, mais il est des règles générales universellement reconnues et qui sont applicables à la fois à l'Angleterre, à l'Ecosse, à l'Irlande et aux îles adjacentes. Lorsqu'une distinction spéciale n'aura pas été établie, c'est que les dispositions dont on aura donné l'analyse ont été consacrées comme loi générale.

4. — Documents dont les capitaines doivent être pourvus.

Il est inutile de recommander aux capitaines naviguant dans les ports du Royaume-Uni de se munir de tous les documents qui peuvent être pour eux de quelque secours à l'approche des côtes. Non seulement ils devront être pourvus de bonnes cartes marines, mais ils devront encore avoir à leur bord *les Phares et Fanaux du globe,* le Code des signaux, adopté aujourd'hui en Angleterre, et l'indication des diverses stations de sauvetage. Il ne serait pas sans utilité pour eux de posséder le tableau des droits de pilotage, tonnage, ancrage du port dans lequel ils devront aborder, mais ils pourront toujours consulter à cet égard le maître du port (Harbour master) et se faire remettre par lui ce document ou lui demander des explications verbales.

5. — Règles à suivre pour éviter les abordages.

Un acte du Parlement, en date du 29 juillet 1862, a prescrit aux navigateurs anglais les dispositions spéciales qu'ils doivent observer pour éviter les abordages, les feux réglementaires qu'ils doivent allumer, les signaux qu'ils ont à exécuter en temps de brume. Ces règles ont été consacrées simultanément en France par le décret impérial du 25 octobre 1862 [1]. Les capitaines français qui n'observeraient pas ces prescriptions ne pourraient donc jamais se justifier d'une négligence en prétendant qu'ils n'ont pas connu les dispositions de la loi anglaise.

6. — Intervention des consuls en cas de naufrage.

Dans certains pays, les consuls des puissances étrangères ne sont admis à diriger le sauvetage des bâtiments de leur nation que lorsqu'ils y ont été autorisés par un traité. Aucun traité entre la France et l'Angleterre n'a réglé les attributions des consuls en pareil cas, mais il est passé en usage que les consuls pourront administrer les naufrages, procéder aux opérations de sauvetage, disposer des objets sauvés, en ordonner la vente publique, en encaisser le montant en se conformant aux lois de police qui régissent le territoire. De même, les vice-consuls et les agents consulaires sont généralement admis par les autorités locales à administrer les naufrages.

7. — Refus de juridiction à certains vice-consuls.

Quelquefois l'autorité locale a refusé aux vice-consuls, même à ceux qui avaient été autorisés par S. Exc. le ministre de la marine à exercer les fonctions d'administrateurs, le droit d'intervenir dans les naufrages. Le receveur des naufrages de la localité (*receiver of wrecks*), leur déniant la qualité de consuls, exigeait d'eux, pour la vente des objets sauvés ou pour la remise des produits du sauvetage, une procuration délivrée par le consul dans l'arrondissement duquel ils se trouvaient placés ou par le capitaine. Une pareille interprétation n'est pas conforme aux attributions dont les vice-consuls ont été investis en Angleterre. Sans doute, un simple agent consulaire doit toujours en référer au consul dont il relève, mais un vice-consul, chargé par le

---

[1] Voy. dans le *Code des signaux*, part. III, p. 17.

département de la marine de gérer les affaires maritimes, peut agir sous sa propre responsabilité. Dans beaucoup de cas, les retards que le recours au consul apporterait à l'administration des naufrages, peuvent être très-dommageables aux intéressés. Ce refus de juridiction entraînerait encore des inconvénients plus graves si le capitaine n'était pas sur les lieux ou s'il était mort pendant le naufrage.

8. — Administration d'un naufrage abandonnée au capitaine.

En Angleterre, l'autorité territoriale ne fait aucune difficulté de laisser à un capitaine l'administration d'un naufrage. Elle lui abandonne la faculté entière de gérer tous les intérêts qu'il représente sans intervenir autrement que pour faire exécuter les lois de la police maritime, lui prêter son assistance s'il en a besoin et le protéger contre les déprédations et le pillage. Dans le cas où le capitaine prendra la direction d'un naufrage, il devra, de même que les consuls, faire auprès de l'autorité locale qui l'aurait devancé, les réquisitions nécessaires pour être admis à opérer directement et en toute liberté, et pour que toute personne non agréée par lui soit obligée de se retirer. Il se fera remettre les objets sauvés et remboursera les frais qui auraient déjà été faits [1].

9. — Devoirs du capitaine en cas de naufrage.

Lorsqu'un capitaine a fait naufrage ou a éprouvé des avaries grosses dans un port du Royaume-Uni où se trouve un consul de France ou un agent consulaire, il doit immédiatement s'adresser à l'un ou à l'autre, ou, lorsqu'il n'y a pas de consul ou de vice-consul dans ce lieu, à l'agent consulaire le plus voisin. Les consuls et vice-consuls autorisés à exercer les fonctions d'administrateurs de la marine et les simples agents consulaires, admis seulement à agir sous le contrôle du consul dont ils relèvent, ont été répartis de la manière suivante sur les côtes du Royaume-Uni de la Grande-Bretagne et d'Irlande.

---

[1] Ordonnance du 29 octobre 1833, art. 59.

10. — État récapitulatif, pour l'Angleterre, des différentes agences consulaires, avec la mention des pouvoirs spéciaux qui leur sont attribués.

Londres (consulat général).

Bideford............ Administrateur de la marine.

Brighton........... Dispensé du visa ; administrateur de la marine ; officier d'état civil ; notaire ; dépôts ; pouvoirs spéciaux déterminés par le décret du 22 septembre 1854, en matière maritime (21 février 1857); autorisé à délivrer des passes et passe-ports.

Bristol............ Dispensé du visa ; pouvoirs spéciaux déterminés par le décret du 22 septembre 1854 en matière maritime (12 novembre 1858); administrateur de la marine.

Cowes (Ile de Wight). Dispensé du visa ; administrateur de la marine.

Dartmouth.........   d°   d°

Deal ....   d°   d°

Douvres ....   d°   d°

Pouvoirs spéciaux déterminés par le décret du 22 septembre 1854 en matière maritime ; autorisé à délivrer des passes et passe-ports.

Exeter .... Dispensé du visa ; administrateur de la marine.

Falmouth..........   d°   d°

Pouvoirs spéciaux déterminés par le décret du 22 septembre 1854, en matière maritime.

Folkestone .:....... Dispensé du visa ; autorisé à délivrer des passes et passe-ports.

Gloucester .... Dispensé du visa ; administrateur de la marine; pouvoirs spéciaux déterminés par le décret du 22 septembre 1854 en matière maritime.

Guernesey .... Dispensé du visa ; administrateur de la marine; pouvoirs spéciaux déterminés par le décret du 22 septembre 1854 ; autorisé à délivrer

	des passes et passe-ports ; dépôts ; officier de l'état civil ; notaire.
Harwich	Administrateur de la marine.
Jersey	Dispensé du visa ; administrateur de la marine ; officier de l'état civil et notaire ; pouvoirs spéciaux déterminés par le décret du 22 septembre 1854 ; autorisé à délivrer des passes et passe-ports.
Lowestoft	Administrateur de la marine.
Margate	do
Penzance	Dispensé du visa ; administrateur de la marine ; pouvoirs spéciaux déterminés par le décret du 22 septembre 1854.
Plymouth	do — do
Portsmouth	do — do
	Autorisé à délivrer des passes et passe-ports.
Ramsgate	Dispensé du visa ; administrateur de la marine ;
Rye	Administrateur de la marine.
Saint-Mary (Scilly)	do
Sheerness	do
Southampton	do — dispensé du visa ; officier de l'état civil ; notaire ; dépôts ; pouvoirs spéciaux déterminés par le décret du 22 septembre 1854, en matière maritime ; autorisé à délivrer des passes et passe-ports.
Tynemouth	Administrateur de la marine.
Weymouth	Administrateur de la marine ; dispensé du visa ; pouvoirs spéciaux déterminés par le décret du 22 septembre 1854.
Yarmouth	Dispensé du visa ; administrateur de la marine.

Dublin (consulat).

Belfast	Dépôts ; officier de l'état civil et notaire.
Cork.	Dispensé du visa ; administrateur de la marine ; officier de l'état civil et notaire ; pouvoirs spéciaux déterminés par le décret du 22 septembre 1854 en matière maritime.

Drogheda...........
Galway...........
Limerick...........
Londonderry.......
Waterford.........
Wexford ....

Glascow (consulat).

Edimbourg-Leith .... Administrateur de la marine.
Aberdeen...........
Berwick-sur-Tweed ..
Boness ....
Cormarty ....
Dumbar...........
Dundee....... .....
Grangemouth ....
Kirkwall ....
Lerwick...........
Peterhead ....

Leeds (consulat).

Hull..............

Liverpool (consulat).

Gardiff............. Pouvoirs spéciaux déterminés par le décret du 22 septembre 1854 en matière maritime; administrateur de la marine; dépôts; officier de l'état civil et notaire.
Llanelly........... Administrateur de la marine; officier de l'état civil et notaire.
Newport........... Administrateur de la marine; officier de l'état civil; dépôts.
Swansea .... Dépôts; officier de l'état civil et notaire; pouvoirs spéciaux déterminés par le décret du 22 septembre 1854.

Newcastle (consulat).

Blyth............... Administrateur de la marine; dépôts; officier
de l'état civil et notaire ; pouvoirs spéciaux
déterminés par le décret du 22 septembre
1854 en matière maritime.

Hartlepool.......... Dépôts ; officier de l'état civil et notaire.

Middlesborough......

Seaham.............

Stockton.. ... .

Sunderland .... Administrateur de la marine; pouvoirs spéciaux déterminés par le décret du 22 sep-
tembre 1854 en matière maritime.

11. — Position du capitaine selon que le navire est ou n'est pas perdu.

Dès que le consul ou vice-consul sera informé du naufrage, il prêtera
ses bons offices au capitaine. Dans ce cas, le capitaine, démonté par
le fait du naufrage, n'est admis à l'administrer qu'autant qu'il justifie
d'une procuration soit de chaque intéressé ou de la majorité d'entre
eux, soit de l'armateur qui représente tous les propriétaires [1]. Mais
il est possible que le navire naufragé ne soit pas complétement perdu,
il est possible que le capitaine n'ait pas seulement à gérer des intérêts
français, mais encore des intérêts étrangers; dans ces deux derniers
cas, il conserve toute la responsabilité de ses actes, et dans le troisième, c'est-à-dire lorsqu'il agit pour compte étranger, il doit non-
seulement remplir les formalités exigées par la loi française, mais
encore observer les dispositions de la législation territoriale.

12. — Devoir du capitaine d'avertir les intéressés en cas de naufrage.

Dès qu'un naufrage est survenu, le capitaine doit se mettre immédiatement en rapport avec tous les intéressés : armateurs, assureurs et
propriétaires de la marchandise. Dans les pays lointains on comprend
que le capitaine ne puisse prendre conseil que de lui-même. Sur les
côtes de la Grande-Bretagne, là où les communications, soit postales,

---

[1] De Clercq, *Guide pratique des consulats;* circulaire de la marine du 17 ni-
vôse an XIII; *Code de commerce,* art. 220.

soit télégraphiques, sont si faciles, il n'a aucun motif de ne pas avertir immédiatement ses armateurs et de ne pas requérir leurs instructions. Si les propriétaires ou les consignataires de la marchandise se trouvent dans un port du Royaume-Uni autre que celui où il a fait naufrage, il doit également leur en donner avis dans le plus bref délai possible [1].

13. -- Distinction entre le naufrage et le simple échouement.

Il peut y avoir naufrage, échouement avec bris, ou simplement échouement. Le naufrage, c'est la perte complète du navire qui a sombré et qui a été englouti dans la mer. L'échouemen' avec bris, c'est lorsque le navire ne peut plus être renfloué ni mis en état de continuer son voyage. L'échouement simple , c'est lorsque le navire, au contraire, peut être réparé et remis à flot. Ce dernier accident de mer constitue ce que l'on appelle spécialement des avaries. Les Anglais distinguent l'échouement forcé (involuntary stranding), celui qui a été occasionné par la force des éléments, de l'échouement volontaire (voluntary stranding), effectué avec intention par le capitaine pour la sauvegarde des intérêts communs. Cette distinction n'est pas sans importance, parce qu'elle servira, comme on le verra plus bas, à classer les avaries. Le capitaine ne doit jamais échouer volontairement son navire que lorsqu'il est convaincu que le salut commun l'exige, et il ne doit le faire qu'après délibération de concert avec l'équipage [2].

14. — Importance de ne pas quitter le lieu du sauvetage.

En général, un capitaine ne doit jamais abandonner un naufrage que lorsqu'il a fait tous ses efforts pour recouvrer, sauver et conserver tout ce qui peut être recouvré, sauvé ou conservé [3]. Lorsque le navire est échoué à la côte, on ne saurait trop recommander au capitaine de ne point l'abandonner, même momentanément. S'il s'absente sans laisser le soin du sauvetage, soit au second, soit aux principaux de son équipage, il est possible que des étrangers s'emparent du navire et s'y installent pour en opérer le sauvetage. Dans ces cas, les frais réclamés sont énormes ; ils absorbent le plus souvent la valeur des objets sau-

---

[1] Lees, *Manual for shipmasters*, p. 154.
[2] *Dana's seamen's friend*, p. 312.
[3] *Manual for shipmasters*, p. 153.

vés. La propriété abandonnée est considérée comme un bien sans maître (derelict), et, lorsqu'une contestation de cette nature est portée devant les tribunaux, il est difficile au plaignant d'obtenir une réduction sur les réclamations de sauvetage[1].

15. — Devoirs du capitaine au moment du naufrage.

Dans un naufrage, le capitaine ne doit jamais oublier qu'il demeure responsable de tous les intérêts qui lui ont été confiés. Il doit sans doute ses premiers soins au salut de l'équipage et des passagers ; mais, lorsque la sécurité de ceux-ci est assurée, il n'a à faire aucune distinction, et il doit apporter à la conservation de la cargaison la même diligence et le même soin que si cette cargaison était sa chose propre. Il devra surtout se garder de favoriser l'armateur aux dépens de l'assureur. En un mot, le capitaine doit agir pour tous, comme si le navire qu'il commande n'était pas assuré, et comme il ferait pour lui-même.

16. — Choix d'un interprète.

La langue anglaise est une langue tellement nécessaire à tous ceux qui naviguent, non-seulement sur les côtes du Royaume-Uni, mais dans toutes les mers, qu'on ne saurait trop en recommander l'étude aux capitaines; peut-être même devrait-elle faire partie des connaissances exigées de ceux qui se destinent à la navigation; mais si le capitaine naufragé en Angleterre ignore cette langue, il devra nécessairement se procurer un interprète qui lui sera indiqué ou délégué par le consul auquel il se sera adressé. Peu importe que cet auxiliaire lui ait été désigné par l'autorité locale ou toute autre personne ; mais le capitaine ne doit jamais oublier qu'il ne peut employer cet interprète que pour traduire sa pensée, et non comme devant le suppléer dans l'administration du naufrage.

17. — Premiers soins du capitaine en cas de naufrage.

Le premier soin du capitaine, après avoir porté secours aux naufragés, est de constater les décès[2]. Après avoir fait administrer tous les secours nécessaires aux marins noyés ou blessés, il aura à se concer-

---

[1] *Letters to a young master mariner*, p. 93.
[2] Ordonnance du 29 octobre 1833, art. 60.

ter avec l'autorité locale pour faire constater l'identité des décédés, dresser les actes mortuaires, et assurer l'inhumation des corps. S'il se trouve sans aucune ressource, le capitaine naufragé pourra toujours s'adresser à la Société des Naufrages (Mariners Wreck Society), qui a des bureaux dans presque tous les ports du Royaume-Uni, et il obtiendra pour lui et les hommes de son équipage les moyens de se rendre jusqu'au lieu dans lequel réside une autorité consulaire.

18. — Devoirs du capitaine au moment du naufrage (*suite*).

Le capitaine ne peut abandonner le navire qu'à la dernière extrémité, et après avoir pris l'avis des officiers et des principaux de l'équipage[1]. Il ne doit en sortir que le dernier, et après avoir fait tout ce que la prudence et le courage exigent pour le salut de l'équipage, du navire et de la cargaison. Il est tenu de sauver avec lui son livre-journal et autres papiers du navire, l'argent et ce qu'il pourra des marchandises précieuses[2]; la loi ajoute : sous peine d'en répondre en son propre nom. Il est évident que cette responsabilité ne peut lui être appliquée que s'il y avait eu de sa part faute ou négligence. Ce qu'il doit avant tout chercher à sauver, ce sont les papiers du navire, le livre de bord, les chartes-parties, les connaissements, les expéditions. Si les objets sauvés ou restés à bord sont perdus par cas fortuit ou pillés sans la faute du capitaine, il ne peut en être responsable[3].

19. — Constatation des décès.

La constatation des décès a lieu devant l'archiviste de chaque paroisse ou district paroissial, lequel est, en général, le secrétaire du bureau de l'administration des pauvres, et est appelé greffier du district, *registrar of the district*. Si la mort a été violente, l'inscription sur les registres de l'état civil doit être précédée d'une enquête. A cet effet, le *coroner*, magistrat spécialement chargé de cette enquête, réunit un jury pour examiner le cadavre et statuer sur la cause du décès. Le capitaine peut, dans les cinq jours, faire sa déclaration, laquelle doit mentionner le jour de la mort, le nom et le prénom de la personne décédée, l'âge, le sexe, la qualité, la profession, la cause de la mort. Il

---

[1] *Code de commerce*, art. 241.
[2] *Code de commerce*, art. 241.
[3] Voy. *Code de commerce de Hollande*, art. 362.

signe sur le registre et donne l'indication de son domicile. L'inscription sur les registres des actes de l'état civil n'est assujettie à aucun droit [1].

20. — Constatation du sinistre.

Après les soins donnés aux naufragés, le capitaine est tenu de constater le sinistre. La loi française lui enjoint de se présenter devant l'autorité du lieu, d'y faire son rapport et de le faire vérifier, c'est-à-dire attester par son équipage [2]. Ce rapport doit énoncer, s'il y a naufrage, le lieu du sinistre, le nom des marins qui ont péri, l'état du navire, des canots et des embarcations qui en dépendent, la nature des effets, papiers ou marchandises qui ont pu être sauvés ; et, s'il y a bris, après les particularités du sinistre, les indications qui pourraient faciliter le renflouement et le sauvetage. La loi n'a fixé aucun délai, mais le rapport doit être fait aussitôt que possible. La loi anglaise exige à peu près les mêmes formalités, c'est-à-dire la constatation immédiate du sinistre sur le livre de bord, et la rédaction d'un acte que l'on appelle le protèt. Ainsi, le capitaine doit mentionner aussitôt que possible sur le livre de bord tous les détails du naufrage; si le livre de bord n'a pu être sauvé, il doit constater sur place ou dans le lieu le plus voisin toutes les circonstances du sinistre, et ce rapport doit être affirmé par le gens de son équipage [3].

21. — Nécessité de la formalité du protèt.

Mais le rapport doit être suivi de la formalité du protèt. Le protèt se fait devant un notaire, un magistrat ou toute autre personne apte à déférer le serment [4]; il se compose, en général, d'un extrait du journal de bord, et il doit contenir le récit du voyage et les détails du naufrage. Le capitaine français devra ne jamais négliger de remplir la formalité du protèt, lorsqu'il administrera un naufrage dans un lieu où il n'y a pas de consul ou d'agent consulaire de France ; il devra également, même dans les lieux où se trouve un consul, faire dresser un protèt, si des intérêts étrangers sont engagés dans un naufrage.

---

[1] Statut, 6 et 7. Guillaume IV, c. 86.
[2] *Code de commerce*, art. 246.
[3] *Manual for shipmasters*, p. 151.
[4] *Letters to a young master mariner*, p. 92.

22. — Caractère du protêt en Angleterre.

Malgré l'importance du protêt, le capitaine ne saurait abandonner le lieu du naufrage pour procéder à cette formalité. Il a toujours la faculté de faire ce qu'on appelle étendre son protêt, c'est-à-dire compléter ses déclarations du livre de bord affirmées par l'équipage. Cet acte n'est d'ailleurs que ce que l'on appelle en Angleterre *a matter of secondary evidence*. Le document reçu par le notaire ne peut être invoqué par le capitaine ou les armateurs ; mais, au contraire, il peut être invoqué contre eux. C'est le livre de bord qui servira de moyen de preuve au capitaine. Ce qu'il importe de remarquer, c'est que le protêt ne devra jamais être omis par le capitaine, mais que cette formalité ne devra non plus jamais lui faire négliger les premières opérations du sauvetage [1].

23. — Devoirs du capitaine en matière de sauvetage.

Le naufrage et l'échouement avec bris peuvent être complétement assimilés l'un à l'autre en ce qui concerne les mesures de sauvetage. Après que le capitaine a constaté le sinistre, il doit s'occuper de recueillir ce qu'il peut sauver. Il doit s'entendre avec les intéressés, s'ils sont sur les lieux, ne remettre les objets sauvés que moyennant l'acquittement de frais proportionnels, vendre, selon l'urgence, les débris, agrès et apparaux pour acquitter les frais, et les marchandises, après que leur état d'avarie a été dûment constaté par des experts, en un mot, sauvegarder à la fois les intérêts de l'armateur, du propriétaire de la marchandise et des assureurs [2].

24. — Renflouement ou démolition sur place du navire. — Mesures de police à observer.

Il est possible que le navire qui a échoué ou sombré obstrue la navigation du port, de la rade ou de la rivière dans laquelle il se trouve. Dans ce cas, le capitaine doit se concerter avec l'autorité locale chargée de la police maritime, soit pour faire opérer le renflouement du

---

[1] *Manual for shipmasters*, p. 154.

[2] Ordonnance du 29 octobre 1833, art. 65, et Instructions générales du ministère de la marine du 31 août 1848.

navire, s'il y a lieu, soit, lorsqu'il a été reconnu par experts qu'il est impossible de le relever et de le réparer, pour effectuer sa démolition sur place. Mais, comme dans toute circonstance où il s'agit de statuer sur l'innavigabilité du navire, cette décision ne peut être prise que d'après l'avis d'experts assermentés dont le procès-verbal devra être conservé par le capitaine [1]. De même, le capitaine devra s'entendre avec les officiers de la police maritime pour emmagasiner les marchandises qui sont l'objet de certaines dispositions spéciales, ainsi des poudres, par exemple. Si ces différentes opérations sont exécutées par les employés publics, il aura toujours le soin de stipuler qu'elles doivent être faites dans les limites de la plus stricte économie [2].

25. — Comment doit être dirigé le sauvetage.

Le capitaine, dans l'administration d'un naufrage, représente tous les intérêts à la fois, ceux de l'armateur, ceux des propriétaires de la marchandise, ceux des assureurs de la cargaison ou de la marchandise, et reste seul responsable de la direction du sauvetage. Il peut toutefois se mettre d'accord avec les intéressés qui seraient sur les lieux, soit pour diriger les opérations matérielles du sauvetage, soit pour désigner avec eux les personnes qui seront chargées de ce soin.

26. — Intervention de l'autorité locale dans le cas de naufrage.

Il peut arriver, dans un naufrage, que le capitaine ait disparu ou que les premières opérations n'aient pu être dirigées par lui. Dans ce cas, la loi a désigné les autorités qui doivent se transporter sur les lieux et administrer le naufrage. Ce sont : 1° le receveur des naufrages, et en son absence, l'officier principal des douanes ou des gardes-côtes ; l'agent des contributions, le shériff, le juge de paix, l'officier en fonctions de l'armée. En l'absence du capitaine ou d'un officier, c'est à l'une de ces autorités qu'appartient le droit de prendre la direction du sauvetage, d'assurer la conservation du navire, de sauver les personnes qui étaient à bord, de sauver la cargaison et les apparaux [3].

---

[1] Ordonnance du 29 octobre 1833, art. 73.
[2] Ordonnance du 29 octobre 1833, art. 67 et 69.
[3] *Shipping act*, §§ 441-445.

27. — Pouvoirs attribués à l'autorité locale en matière de naufrage.

Le receveur des naufrages ou l'officier qui le remplace est autorisé : 1° à réunir autant de personnes qu'il le jugera convenable pour lui prêter assistance; 2° à requérir tout capitaine ou toute autre personne ayant charge d'un navire ou embarcation à proximité de lui rendre, lui et tous les hommes de son équipage, tous les services qui sont en leur pouvoir; 3° à requérir l'emploi de toutes voitures, charrettes ou chevaux qui seraient disponibles sur les lieux [1]. Toute la cargaison ou toutes les parties du navire qui auront été jetées sur la côte ou qui dépendent du navire, devront être remises au receveur, qui pourra employer la force pour se faire restituer les objets dérobés, ou empêcher le pillage [2]. Les capitaines eux-mêmes ont le droit de repousser par la force tous les individus qui chercheraient à s'introduire à leur bord [3].

28. — Obligation de remettre au receveur des naufrages les objets sauvetés.

Toute personne qui a trouvé un débris naufragé ou en a pris possession, doit, si elle en est propriétaire, en donner avis aussitôt que possible au receveur des naufrages du district dans lequel cet objet a été trouvé, et elle doit spécifier les marques distinctives qui servent à faire reconnaître cet objet. Si la personne n'est pas propriétaire de l'objet trouvé, elle doit en faire remise au receveur dans le plus bref délai possible. — Ceux qui contreviennent à ces dispositions sont punis d'une amende, indépendamment de la restitution des objets trouvés et de la déchéance de toute réclamation de sauvetage [4]. Si un receveur soupçonne ou apprend qu'un débris de naufrage est caché, ou en possession d'une personne qui n'est pas propriétaire, il peut obtenir du juge de paix un mandat (warrant), à l'aide duquel il a le droit de pénétrer partout et de se saisir de l'objet détourné. Si la saisie est due aux informations d'une personne qui a révélé le larcin, celle-ci est admise à recevoir, à titre de sauvetage, une somme qui, dans aucun cas, ne peut excéder 5 livres sterling [5].

---

[1] *Shipping act, § 112.*
[2] *Shipping act § 113.*
[3] *Merchant shipping act, § 178.*
[4] *Merchant shipping act, § 150.*
[5] *Merchant shipping act, § 151.*

29. — Avis public des objets sauvetés.

Dans les quarante-huit heures qui suivent la prise de possession d'objets provenant d'un naufrage, le receveur fait afficher dans le bâtiment de la Douane le plus près du lieu où les effets naufragés ont été recueillis, la description de ces objets et des marques distinctives qui sont de nature à les faire reconnaître ; si la valeur de ces objets excède 20 livres, il en transmet la description au secrétaire du Lloyd, qui fait afficher cette communication dans un lieu apparent, afin que toutes les personnes qui désireraient en prendre connaissance puissent consulter ce document [1].

30. — Délai dans lequel les objets naufragés doivent être réclamés.

Les objets naufragés doivent être réclamés dans le délai d'un an à compter du jour du naufrage. Pour en obtenir la remise, les réclamants sont tenus de justifier de leurs droits et de payer tous les frais. Le receveur peut faire vendre les objets sauvés, si le payement des frais de sauvetage n'a pas été effectué en temps utile [2]. Passé le délai d'un an, si aucun propriétaire ne se présente, le receveur des naufrages en fait la remise à l'amiral, vice-amiral ou seigneur du lieu (Lord of the Manop), ou toute autre personne qui justifie de ses droits, et qui en prend possession, après avoir acquitté toutes les dépenses et frais de sauvetage. Si aucun propriétaire ne se présente, et si aucune personne de celles qui ont été désignées n'est admise à acquérir ces objets naufragés, le receveur en fait opérer la vente publique, et après avoir acquitté toutes les dépenses, et s'être remboursé de ses honoraires, il transmet l'excédant des recettes à l Echiquier, de la manière qui lui est indiquée par la trésorerie. [3]

31. — Enquête sur le sinistre devant le receveur des naufrages.

Indépendamment de la formalité du rapport à l'autorité consulaire, l'administration française a prescrit à ses agents de procéder à l'interrogatoire du capitaine et des personnes qui étaient à bord du navire,

---

[1] *Shipping act, § 452.*

[2] *Shipping act, § 471.*

[3] *Shipping act, § 475.*

et de constater, par une sorte d'enquête, la nature du sinistre [1]. La même formalité est observée en Angleterre. Dès qu'il est possible de procéder à cette enquête, le receveur des naufrages óu le juge de paix du lieu peut interroger sous serment toute personne appartenant à un navire en détresse ou apte à fournir des informations sur les points suivants : 1° le nom et la description du navire, 2° le nom des capitaines et des armateurs; 3° le nom des propriétaires de la marchandise; 4° le nom des assureurs et les sommes assurées; 5° les ports ou places d'où vient le navire et ceux auxquels il était destiné; 6° la cause du naufrage; 7° les services rendus; 8° toutes les circonstances qui peuvent se rapporter soit au navire, soit à la marchandise qui était à bord. Ce procès-verbal est rédigé par écrit, et il en est adressé deux expéditions, l'une au Board of Trade, l'autre au secrétaire du Lloyd, qui.en donne communication à toutes les personnes qui désirent le consulter [2]. Le capitaine ne devra jamais oublier que ce document peut être admis comme moyen de preuve devant une cour de justice ou devant toute personne ayant pouvoir d'entendre les parties, de recevoir leurs déclarations et de les examiner [3].

32. — Devoirs du capitaine relativement aux opérations de sauvetage.

Le sauvetage comprend tout ce qui composait le navire et la cargaison, marchandises, agrès, apparaux, coque du navire. — Indépendamment des gens de l'équipage, le capitaine peut employer des manœuvres et des ouvriers pour accélérer les travaux [4]. Il passe tous marchés et contrats à forfait, et règle de gré à gré le prix des journées et de la location des voitures, charrois ou ustensiles que les circonstances réclament. Il doit, en outre, pour assurer la conservation des objets recueillis, soit faire établir des abris provisoires, soit se procurer des magasins, en instituant en même temps des dépositaires ou gardiens d'office, et en se concertant, au besoin, avec l'autorité locale et le receveur des naufrages, pour obtenir l'appui de la force publique [5].

---

[1] Ordonnance du 29 octobre 1833, art. 62.
[2] *Shipping act*, § 148. — *Manual for shipmasters*, p. 148.
[3] *Shipping act*, § 149.
[4] Ordonnance du 29 octobre 1833, art. 64 et 66.
[5] *Manual for shipmasters*, p. 153.

33. — Obligations des gens de l'équipage.

La loi française prescrit d'employer de préférence l'équipage aux travaux de sauvetage et de chargement [1]. Sans doute, le fait seul du naufrage met fin aux loyers des gens de mer, mais il ne fait pas cesser l'obéissance qu'ils doivent à leur capitaine. Jusqu'à ce qu'ils aient été congédiés par lui, il n'ont pas le droit d'abandonner le lieu du naufrage. On considère, en Angleterre, cet abandon comme un cas de désertion donnant lieu à la déchéance des salaires précédemment acquis [2]. Tout capitaine qui ne parviendrait pas à faire respecter ses ordres, devrait adresser sa plainte, soit au consul du lieu le plus voisin, soit au commissaire de la marine du lieu de l'armement du navire, et mentionner le fait sur le livre de punitions.

34. — Salaires des marins employés au sauvetage.

Les frais de sauvetage étant préférés à tous autres, même aux loyers des gens de mer, et distincts des autres salaires, les matelots qui ont travaillé au sauvetage y ont seuls droit, et ce qu'ils reçoivent de ce chef ne s'impute point sur les autres loyers. En cas de prise, bris ou naufrage avec perte du navire et des marchandises, les gens de mer n'ont pas droit à leurs salaires, mais ils ne sont pas tenus non plus de restituer les avances qui leur ont été faites [3]. Si une partie du navire a été sauvée, les matelots sont payés de leurs loyers échus et de leur rapatriement sur les produits des débris du navire. En cas d'innavigabilité, un emprunt peut être fait pour le payement des loyers des matelots, du moins pour le voyage d'aller [4]. Dans le cas où le navire aurait fait une heureuse navigation en allant, et ne périrait que dans la traversée de retour, il semblerait équitable de leur accorder la moitié de leurs gages. Lorsque l'assistance des matelots qui ont travaillé au sauvetage n'est plus nécessaire, le capitaine doit les congédier et les renvoyer en France [5]. Si le produit du navire ne suffisait pas pour acquitter les frais de rapatriement, le capitaine devrait les adresser au consul le plus proche, afin qu'ils pussent être rapatriés en France [6].

---

[1] *Code de commerce*, art. 259.

[2] *Shipping act*, § 183. — *Manual for shipmasters*, p. 145.

[3] *Code de commerce*, art. 258.

[4] Arrêt de la Cour de Rouen du 24 juillet 1834.

[5] Ordonnance du 29 octobre 1833, art. 70.

[6] Ordonnance du 29 octobre 1833, art. 71.

35. — Obligation de contribuer à la perte commune, acte connu en Angleterre sous le nom d'obligation d'avaries.

Lorsque le naufrage comprend des pertes communes, il peut y avoir un grand intérêt, même avant le sauvetage, à obliger par un acte écrit les différentes parties intéressées à prendre l'engagement de contribuer chacune pour sa part aux pertes communes. Lorsque les parties sont sur les lieux ou bien lorsqu'elles peuvent se faire représenter par des fondés de pouvoirs, il est d'usage, en Angleterre, de faire un acte devant un notaire, ou même sous seing privé, que l'on appelle *Average Bond*, obligation d'avaries. Dans cet acte, les parties s'engagent à supporter en commun et au prorata les dommages constatés, et à payer au capitaine, aux armateurs ou à leur agent, la portion à laquelle chacune d'elles est tenue dans la contribution générale [1].

36. — Obligation d'avaries.

On ne saurait trop recommander aux capitaines la rédaction de cet acte. Le capitaine devra donc ne jamais négliger de faire signer l'obligation d'avaries, et à défaut de cette formalité, ne point se dessaisir de la marchandise, parce que cette marchandise est un gage, et qu'il est en droit de la détenir jusqu'à ce que chaque partie ait payé sa contribution d'avaries. L'obligation d'avaries est considérée, dans la pratique, comme un équivalent à un gage, et permet au capitaine d'exercer à la fois une action contre un ou plusieurs des individus assujettis à la contribution commune [2]. Les chargeurs, les propriétaires, et les consignataires, lorsqu'ils sont propriétaires, sont tenus, chacun en ce qui le concerne, de la part afférente à la marchandise.

37. — Obligation d'avaries.

Le simple consignataire n'y est pas astreint, à moins que le connaissement ne mentionne spécialement qu'il sera obligé d'acquitter cette contribution [3].

---

[1] *Abbott on shipping*, p. 551. — *Manual for shipmasters*, p. 132.
[2] Lees, *Manual for shipmasters*, p. 132. — *Abbott on shipping*, p. 551.
[3] Lees, *Manual for shipmasters*, p. 133.

Aussi le capitaine agira-t-il prudemment, en ne délivrant jamais la marchandise, que lorsque l'obligation d'avaries aura été signée par le consignataire lui-même, ou jusqu'à ce que celui-ci se soit obligé d'acquitter la part d'avaries affectant les marchandises qui lui ont été consignées. Au moyen de l'obligation d'avaries, ou d'un acte séparé, le capitaine est certain de récupérer la part d'avaries incombant au consignataire. Mais lorsqu'un navire a plusieurs chargeurs, il vaut mieux signer un acte collectif, pour éviter les dépenses résultant de poursuites individuelles [1]. L'obligation d'avaries pourra désigner le nom du répartiteur, mais il sera plus simple d'insérer dans l'acte cette mention : « Règlement d'avaries fait suivant les us et coutumes du Lloyd. » Cette clause sera de nature à prévenir toutes les difficultés qui pourraient s'élever sur le choix d'un répartiteur.

38. — Obligation du capitaine à l'égard de la cargaison.

La législation française dispose qu'il doit être dressé un inventaire exact et détaillé des objets recueillis et emmagasinés, avec indication des numéros et des marques des colis, caisses ou ballots de marchandises. Cet inventaire, dont les énonciations doivent servir à reconnaître ou à contrôler les réclamations de chaque ayant droit, et à opérer la répartition proportionnelle des dépenses et des produits du sauvetage, doit être signé par le consul, lorsqu'il intervient, le capitaine et le gardien des effets emmagasinés [2]. On a même recommandé aux consuls de dresser jour par jour, vacation par vacation, des procès-verbaux circonstanciés des particularités du sauvetage, spécifiant les heures employées à chaque vacation, le nombre de journaliers et de charrois mis en réquisition, la nature des objets sauvetés et le lieu ou l'emplacement où ils ont été mis en dépôt, ainsi que l'état plus ou moins avarié dans lequel on les a trouvés [3]. Toutes ces dispositions doivent être également observées par le capitaine.

---

[1] Lees, *Manual for shipmasters*, p. 133.

[2] Voy. De Clercq, *Guide pratique des consulats*, t. II, p. 240 et les citations. — Ord. d'août 1681, liv. IV, tit. ix, art 11 et 12. — Déclaration du 10 janvier 1770, art. 11 et 12. — Circulaires de la marine des 1er octobre 1814 et 31 août 1848.

[3] Voy. De Clercq, *Guide des consulats*, t. II, p. 240.

39. — Constatation de la navigabilité ou innavigabilité du navire.

Si le navire n'a pas entièrement péri dans le naufrage, le capitaine doit prendre les dispositions nécessaires pour opérer son renflouement. Si le navire peut être relevé, le capitaine est astreint par la loi française à faire procéder à une expertise, afin de constater son état de navigabilité. Cette expertise ne peut avoir lieu qu'après avoir été ordonnée par le consul. La formalité de l'expertise est également prescrite en Angleterre, mais le choix des experts est laissé au capitaine, qui n'est astreint à faire intervenir aucune autorité administrative ou judiciaire.

40. — A quelles règles est soumise l'expertise en Angleterre.

Dans tous les cas où l'expertise est requise, en Angleterre (déclaration d'innavigabilité du navire, vente du navire, vente des marchandises, constatation d'avaries, emprunt à la grosse), c'est le capitaine qui choisit les experts. Il ne pourrait s'adresser à l'autorité locale, car celle-ci, ou lui refuserait son concours, ou ne donnerait à ce acte aucune valeur légale. Il est de règle qu'il doit choisir des « personnes compétentes et dûment qualifiées [1]. » S'il a obéi à cette prescription, sa responsabilité est suffisamment mise à couvert; il n'encourrait de reproches que s'il avait nommé des personnes incapables. Il y a cette très-grande différence entre l'expertise française et l'expertise anglaise, que la première, qui est ordonnée par l'Administration, dégage en partie la responsabilité du capitaine, tandis que dans la seconde, il faut, pour que sa responsabilité soit couverte, qu'il ait eu le soin de faire opérer l'expertise par des personnes compétentes. Le capitaine a des pouvoirs plus étendus en Angleterre qu'en France, mais alors, il est obligé aussi de recourir à la formalité de l'expertise, chaque fois qu'un cas extraordinaire se présente, et l'on ne distingue pas entre les avaries grosses ou les avaries particulières. Le capitaine fera donc bien, en toute occasion, de se conformer à la loi anglaise.

41. — Forme de l'expertise.

En général, ce sont les agents du Lloyd qui procèdent, dans presque tous les ports d'Angleterre, à ces expertises. Rien n'empêcherait le

---

[1] *Manual for shipmasters*, p. 175.

capitaine de faire un autre choix, s'il le jugeait convenable. Il convient d'ajouter que l'expertise, en Angleterre, n'a aucune force obligatoire, et n'a d'autre but que de constater l'état présent du navire. Il faut distinguer dans ce document les avaries qui proviennent de fortune de mer ou celles qui doivent être attribuées à d'autres causes. Il faut mentionner également dans cet acte que le navire a perdu le caractère de navire, qu'il est devenu un objet naufragé, *a wreck*, un simple amas de planches, et qu'il a été démoli et doit être vendu comme objet naufragé [1].

42. — Intervention des agents des assureurs en matière d'expertise.

Une circulaire du ministère de la marine [2] a invité les consuls à permettre aux agents des assurances d'intervenir, pour présenter des requêtes, soumettre des observations sur les commissions d'expertise, assister à leurs opérations, provoquer des contre-expertises, demander un sursis à la vente ou à la condamnation, débattre avec les capitaines les intérêts qu'ils représentent. Cette recommandation peut d'autant mieux être adressée aux capitaines, qu'en Angleterre, c'est à eux que la loi abandonne le soin de choisir les experts.

43. — Expertise des marchandises.

De même que le capitaine doit faire expertiser le navire, de même il est astreint, lorsqu'il y a eu des avaries de quelque importance, à faire expertiser les marchandises. Comme pour le navire, on lui recommande seulement de choisir des personnes compétentes ; on lui recommande également d'envoyer des copies du protêt et des expertises à ses armateurs et à ses chargeurs [3]. Toutes les fois qu'il requerra une expertise, soit pour s'assurer de la navigabilité du navire, soit pour opérer le déchargement de la marchandise, soit pour constater les avaries survenues à la cargaison, le capitaine, tout en observant les conditions de la loi anglaise, fera bien de s'adresser au consul le plus voisin, pour lui rendre compte des faits qui ont motivé l'expertise, et l'informer du choix des experts.

---

[1] *Dana's seamen's friend*, p. 315. — *Manual for shipmasters* p. 156.

[2] Voir la circulaire du département de la marine, en date du 24 août 1865.

[3] *Manual for shipmasters*, p. 175.

44. — Sauvetage laissé aux parties intéressées.

On a dit plus haut que les dispositions de sauvetage étaient les mêmes en cas de naufrage qu'en cas d'avaries. D'après les règles tracées par l'administration française, les propriétaires, les assureurs du navire ou des marchandises, ou leurs correspondants munis de pouvoirs suffisants, peuvent être admis à opérer le sauvetage, en acquittant les frais déjà faits, et en donnant caution pour ceux qui restent à faire [1]. Il en est de même en Angleterre, et l'obligation d'avaries est une garantie pour le capitaine que tous les intéressés coopéreront aux dépenses communes de sauvetage. Il pourrait cependant exiger en outre une caution, s'il le jugeait nécessaire.

45. — Conditions mises à la vente d'un navire.

En France, le navire peut être condamné, si les experts ont décidé que les frais de réparations devaient excéder les trois quarts de sa valeur. Il est de règle, en Angleterre, que, si le dommage éprouvé par suite de fortune de mer est tel que le navire ne puisse être mis en état de continuer le voyage, sans occasionner une dépense excédant sa valeur réelle lorsqu'il aura été réparé, l'armateur n'est pas tenu de faire les réparations, mais a le droit de considérer ce dommage comme une perte totale [2]. Dans ce cas, le capitaine doit en requérir la vente pour qui de droit, et cette vente doit avoir lieu aux enchères. Elle doit être annoncée dans plusieurs journaux et, bien qu'aucun délai légal n'ait été fixé, elle n'est effectuée généralement que sept ou huit jours après qu'elle a été rendue publique.

46. — Cas dans lesquels le capitaine peut délaisser son navire.

Il est inutile de rappeler les règles prescrites aux capitaines en matière de délaissement. Le naufrage autorise le délaissement, nonobstant le sauvetage total ou partiel ; le naufrage est une cause légitime de délaissement, bien que la cargaison ait été sauvée en tout ou en partie [3]. Néanmoins, le Code ne permet le délaissement, en cas de nau-

---

[1] Ordonnance du 29 octobre 1833, art. 65-71.

[2] Ordonnance du 29 octobre 1833, art. 72. — *Dana's seamen's friend*, p. 320.

[3] Arrêts de la Cour de cassation en date du 9 décembre 1840 et du 30 décembre 1850.

frage, échouement avec bris, innavigabilité par fortune de mer, que lorsque la perte ou détérioration s'élève aux trois quarts de la valeur des effets assurés [1]. Il ne suffit pas que le navire ait été jeté à la côte, il faut qu'il s'y soit brisé, et non-seulement il faut qu'il s'y soit brisé, mais encore qu'il ait été reconnu innavigable, ou qu'il ne puisse être relevé que longtemps après, et à l'aide d'un sauvetage difficile [2]. Car un navire, même échoué avec bris, peut être renfloué et continuer sa route. Les mêmes règles ont été consacrées en Angleterre : pour que le navire puisse être délaissé, il faut qu'il ait été mis en pièces, qu'il ne puisse plus être réparé, que les réparations excèdent sa valeur, ou bien que, dans le lieu où il est naufragé ou échoué, il ne soit pas possible d'exécuter les réparations [3].

47. — Abandon en nature des objets sauvés.

Des instructions du ministère de la marine ont prescrit aux consuls de faire abandon en nature des objets sauvés dont la valeur ne couvrirait pas les dépenses matérielles du sauvetage [4]. Le capitaine devra également se conformer à ces prescriptions; mais si une obligation d'avaries a été souscrite par lui et par les autres parties intéressées, le capitaine ne pourra faire cet abandon du navire qu'après s'être mis d'accord avec elles et avoir obtenu l'engagement formel que le produit du navire ou des objets naufragés n'aura pas à participer à la contribution commune.

48. — Vente du navire et de la cargaison.

Les opérations de sauvetage terminées, il appartient au capitaine de faire vendre non-seulement le navire, la coque, les débris et les apparaux sauvés, mais encore les marchandises avariées et celles qui ne pourraient être chargées à bord d'un autre navire, soit à cause de leur état d'avarie, soit parce qu'il ne se trouverait pas sur les lieux un navire en charge pour la même destination [5]. D'après les dispositions de la loi française, il peut faire vendre les marchandises qu'il serait im-

---

1 *Code de commerce*, art. 369.

2 Arrêt de la Cour de Douai en date du 7 avril 1843.

3 *Laws of shipping*, p. 474. — *Dana's seamen's friend*, p. 319-320.

4 Instructions générales du Ministère de la marine en date du 31 août 1848. — Dans De Clercq, *Formulaire des chancelleries*, t. II, p. 231.

5 Ordonnance du 29 octobre 1833, art. 72.

possible de conserver en magasin, sans que leur valeur ne fût à peu
près absorbée par une détérioration reconnue inévitable ou par les frais
de loyer[1].

49. — Vente des marchandises sujettes à dépérissement.

La jurisprudence anglaise est conforme à ces principes généraux :
le capitaine peut aliéner la marchandise toutes les fois qu'elle est sujette à dépérissement et qu'elle ne peut être transbordée sur un autre
navire ; mais il faut qu'il y ait nécessité absolue de vente, et que cette
nécessité ait été reconnue par des experts. Le capitaine s'exposerait
plus tard à des dommages-intérêts envers les propriétaires, s'il était
démontré que, même en agissant de bonne foi, il pouvait conserver les
marchandises ou les charger sur un autre navire[2]. La vente et le transbordement sur un autre navire dépendent beaucoup de la nature et de
l'état de la marchandise : ainsi, il peut y avoir des inconvénients graves
à transborder des marchandises avariées, telles que du sucre ; c'est
quelquefois convertir en perte totale une perte partielle ; c'est perdre
non-seulement la marchandise, mais encore le fret. Il en est autrement
de marchandises qui ne sont pas susceptibles de se détériorer, le co-
ton ou le café, par exemple.

50. — Droit du capitaine au fret.

La loi française dispose que le capitaine est payé du fret partiel jusqu'au lieu du naufrage, et du fret intégral, s'il conduit les marchandises au lieu de destination[3]. Ainsi donc, le réclamant a non-seulement à rembourser au capitaine les frais de sauvetage, mais il doit
encore lui payer le montant du fret. Les mêmes dispositions sont adoptées en Angleterre : le fret n'est dû qu'en raison du transport, *prorata
itineris*, et après la remise des marchandises[4]. Comme en France, le
capitaine a droit au fret intégral, s'il a transporté la marchandise au
lieu convenu. Il est toujours admis en Angleterre que si le navire, qui
était en parfait état de navigabilité au départ, a été désemparé pendant
le voyage, par suite de fortune de mer et sans la faute du capitaine,

---

[1] Circulaire du 5 mai 1837.
[2] Lees, *Laws of shipping*, p. 315. — *Letters to a young mariner*, p. 90.
[3] *Code de commerce*, art. 303.
[4] Lees, *Laws of British shipping*, p. 302. — *Abbot on shipping*, p. 389.

l'armateur a droit au fret entier, pourvu qu'il fasse parvenir la marchandise au lieu de destination [1].

51. — Récompense accordée par la loi pour services rendus en matière de sauvetage.

La législation anglaise n'a point établi de dispositions positives pour récompenser le sauvetage. Les tribunaux ont consacré le principe général que le sauveteur doit être indemnisé du service qu'il a rendu. Il n'est pas nécessaire qu'il y ait demande formelle ou acceptation formelle, pour que le sauveteur ait droit à la prime de sauvetage [2]. Les passagers, mais non les gens de l'équipage, peuvent être récompensés comme sauveteurs [3]. Si un navire en détresse accepte des secours étrangers, l'assistance rendue pourra être considérée comme sauvetage, encore que cette assistance n'ait pas été d'une grande importance [4].

52. — Personnes admises à la prime de sauvetage.

La loi a énuméré les personnes qui ont droit à la prime de sauvetage [5]. Ce sont : 1° ceux qui ont assisté sur les côtes du Royaume-Uni un bâtiment ou une embarcation échoués ou en détresse; 2° ceux qui ont sauvé la vie des individus qui faisaient partie de ce bâtiment ou de cette embarcation; 3° ceux qui en ont sauvé la cargaison, agrès ou apparaux. Dans ces différents cas, le sauveteur est fondé à réclamer des propriétaires du bâtiment, de l'embarcation, des apparaux ou des épaves, une prime, indépendamment du montant des dépenses qu'il a faites pour opérer le sauvetage [6].

53. — Jurisprudence en matière de sauvetage.

En général, les tribunaux anglais se montrent disposés à récompenser largement tout service en matière de sauvetage. Ce sont surtout les bâtiments à vapeur qui sont traités avec le plus de fa-

---

[1] *Laws of British shipping*, p. 340.
[2] *Abbott*, p. 559-572.
[3] *Abbott*, p. 559.
[4] *Abbott*, p. 560.
[5] *Abbott on shipping*, p. 572.
[6] *Shipping act*, § 458.

veur. L'on ne tient pas compte de la courte durée de temps qu'ils ont employée à sauver un navire. Il est constamment admis qu'un vapeur a droit à une récompense plus élevée qu'un autre bâtiment, parce qu'en vertu de la force qu'il possède, il est apte à rendre des services avec plus de promptitude, souvent même lorsqu'une autre assistance serait insuffisante[1]. Dans un cas où la valeur sauvée s'élevait à 12,246 livres sterling, on a accordé 1,005 livres sterling à un vapeur, pour avoir remorqué un bâtiment qui était presque dans une position désespérée et l'avoir ramené dans un lieu où il se trouvait relativement en sûreté. La rémunération fixée par le juge serait encore plus élevée, si le sauvetage avait eu pour objet des passagers. Dans ce cas, elle pourrait excéder la valeur des objets sauvés[2].

54. — Principes consacrés en matière de sauvetage.

La jurisprudence anglaise a consacré plusieurs principes qu'il importe de rappeler, parce qu'ils serviront de règle aux nombreux cas de sauvetage qui peuvent se présenter. Ainsi, en Angleterre, on ne tient pas compte seulement, dans le sauvetage, du service rendu et du nombre d'heures ou de la somme du travail ; on prend encore en considération la violence du temps et de la tempête, les risques courus par les sauveteurs, l'état de détresse ou de danger dans lequel se trouvait le navire ou la cargaison, le degré d'habileté et la durée de temps du sauvetage, enfin la valeur des objets sauvés. Lorsque ces différentes circonstances sont simultanées, la récompense est dispensée de la manière la plus libérale; mais, lorsque ces conditions font défaut, ou que l'une d'entre elles seulement peut être contestée, alors, la compensation allouée au sauveteur ne s'élève guère au-dessus de la rémunération d'un travail[3].

55. — Pilotage non classé comme sauvetage.

Le pilotage n'est pas assimilé au sauvetage, à moins que des services exceptionnels ne constituent ce caractère spécial. Si des services de

---

[1] *Abbott*, p. 561-565. — *Manual for shipmasters*, p. 161. — Lees, *Laws of shipping*, p. 261-262.

[2] *Manual for shipmasters*, p. 161. — *Laws of shipping*, p. 270. — *Abbott on shipping*, p. 577-578.

[3] *Abbott on shipping*, p. 562-564. — Lees, *Laws of British shipping*, p. 161-162.

pilotage ont été rendus à un navire en détresse, l'on ajoute comme récompense aux droits de pilotage une taxe supplémentaire, mais jamais
une prime de sauvetage pour celui qui a été engagé de prime abord
comme pilote. En règle générale, le pilote est rémunéré d'après les ta-
rifs usités en matière de pilotage, mais non pas comme sauveteur[1].

56. — Remorquage considéré quelquefois comme sauvetage.

Le remorquage peut , dans certains cas, devenir un sauvetage, et,
dans ce cas, il est soumis aux règles qui ont été adoptées. S'il a été
fait une convention pour le remorquage extraordinaire d'un navire désemparé dont on connaissait l'état de détresse, il ne peut y avoir aucune addition à la récompense convenue[2]. Mais si, lorsque le bâtiment est remorqué, un accident extraordinaire et imprévu vient à
surgir, le remorqueur ne doit pas l'abandonner ; au contraire, il doit lui
rendre les services réclamés par la nécessité, et alors il est alloué une
prime de sauvetage[3].

57. — Arrêt provisoire du navire comme gage des dépenses de sauvetage.

Si la prime de sauvetage est due pour avoir assisté un navire, sauvé
la vie des personnes qui en faisaient partie, sauvé la cargaison ou les
apparaux de ce navire, le receveur des naufrages peut détenir ce navire et le chargement jusqu'à ce que le payement ait été effectué , ou
bien qu'il ait été décidé par une cour compétente que le navire, la cargaison et les apparaux peuvent être détenus[4]. En cas de non-paye-
ment, le receveur peut faire vendre les objets sauvés : 1° si le montant n'est pas contesté, et que le payement n'ait pas eu lieu dans les
vingt jours qui ont suivi son échéance ; 2° si le montant est contesté, mais
qu'il n'y ait pas lieu à appel, et que le payement n'ait pas été effectué
dans les vingt jours qui ont suivi la décision du tribunal; 3° si le montant est contesté, qu'il y ait lieu à l'appel, et que le payement n'ait pas
été effectué dans les vingt jours; qu'il n'ait point été donné avis de
l'appel ou que les procédures relatives à cet appel n'aient point été
commencées dans le même délai[5].

---

[1] *Manual for shipmasters*, p. 160. — *Abbott on shipping*, p. 569.
[2] Lees, *Laws of shipping*, p. 274. — *Manual for shipmasters*, p. 160.
[3] Lees, *Laws of shipping*, p. 274.
[4] *Shipping act*, § 468.
[5] *Shipping act*, § 468.

58. — Payement de la prime de sauvetage.

Si l'on doit une prime pour le sauvetage d'un débris naufragé, et que ce débris n'ait pas été vendu comme non réclamé, le receveur conserve cette épave jusqu'à ce que le payement ait été effectué, ou bien que la procédure ait été instruite devant une cour compétente. Mais si, avant les poursuites, le receveur s'est fait donner caution, il peut se dessaisir de l'objet qu'il conserve en gage, pourvu que la somme réclamée n'excède pas 200 livres [1].

59. — Acquittement des dépenses de sauvetage.

Le sauvetage qui a eu pour objet de sauver la vie d'une ou plusieurs personnes appartenant à un navire en détresse ou échoué, est privilégié par rapport à toute autre dépense [2]. Lorsque la valeur des objets sauvés est insuffisante pour acquitter les dépenses nécessitées par le sauvetage d'une ou plusieurs vies humaines, le Board of Trade peut ordonnancer sur le fonds de la marine marchande les sommes qui lui sembleraient nécessaires pour acquitter cette dépense [3]; mais cette disposition ne s'applique qu'aux sujets britanniques. Quant aux services rendus par la Société de sauvetage, ils sont gratuits.

60. — Validité du contrat de sauvetage.

Lorsque le sauvetage a été effectué sans être précédé d'une convention avec le capitaine, on l'appelle volontaire. Mais il peut se faire que le capitaine d'un navire en détresse entre en arrangement avec les sauveteurs relativement au montant de la prime. Il est de la plus haute importance de ne jamais accepter les services offerts, sans en avoir fait l'objet d'un accord, et, autant que le permettront les circonstances, sans avoir même, au préalable, réglé par écrit les termes de la convention. Si la récompense promise est proportionnée au service rendu, la convention obligera les armateurs, et elle sera maintenue par la cour devant laquelle elle serait contestée, sous prétexte qu'elle constitue un marché onéreux. Néanmoins, il faudra toujours que ce contrat n'ait en soi rien d'injuste ni de déloyal [4]. Pour que la convention fût

---

[1] *Shipping act*, § 468.
[2] *Abbott on shipping*, p. 459.
[3] *Shipping act*, § 459.
[4] *Manual for shipmasters*, p. 171.

modifiée par le juge, il faudrait spécifier des circonstances que les parties n'avaient pas prévues, au moment où celle-ci a été conclue [1].

61. — Objet sur lequel peut être exercé le recours en matière de sauvetage.

Il est de règle, en Angleterre, que le sauvetage ne peut être exercé que sur la propriété sauvée. Il doit, en outre, être calculé sur la valeur de l'objet sauvé, à l'endroit où ont été rendus les derniers services [2]. Si, à l'époque du sauvetage, le navire avait déjà acquis tout ou partie du fret, ce fret doit participer à la prime de sauvetage, ainsi que le navire et la cargaison [3].

62. — Contestations sur la répartition à opérer.

Si, après que le montant de la prime de sauvetage a été réglé au moyen d'un arrangement à l'amiable ou par suite de la décision d'un tribunal, il y a désaccord sur la répartition à opérer, le receveur peut nommer un expert pour évaluer l'objet sauvé, et les débiteurs de la prime, dans le cas où la réclamation ne s'élève pas au delà de 200 livres, peuvent offrir au receveur de déposer entre ses mains le montant de la somme déterminée; il peut recevoir ce dépôt, et le certificat qu'il délivre sert de décharge à toutes les personnes contre lesquelles des réclamations seraient exercées [4]. Le receveur répartit ensuite cette somme dans la proportion qui lui paraît convenable [5].

63. — Contestations en matière de pertes ou d'avaries.

On a vu plus haut que le contrat par écrit appelé *obligation d'avaries* avait surtout pour objet de prévenir toutes contestations de pertes communes ou grosses avaries. Cependant, il est possible que toutes les parties intéressées n'aient pas voulu ou n'aient pas pu concourir à la signature de cet acte. Il est possible également que les personnes qui ont signé l'obligation d'avaries soient en désaccord sur la répartition qui a été faite : dans ce cas, il y aura quelquefois lieu de procéder

---

[1] *Abbott on shipping*, p. 568.
[2] *Abbott on shipping*, p. 566.
[3] *Abbott on shipping*, p. 579.
[4] *Shipping act*, § 466.
[5] *Shipping act*, § 467. — Lees, *Laws of shipping*, p. 272.

soit à une contre-répartition, soit à une rectification du règlement
d'avaries. En dernier lieu, les intéressés devront s'adresser aux tribunaux. L'on verra plus bas comment doit avoir lieu la contribution,
lorsqu'il s'agit de déterminer la part de chacun dans les pertes communes.

64. — Tribunaux appelés à connaître des questions de sauvetage.

Toutes les affaires litigieuses en matière de sauvetage se décident ou
par la voie de l'arbitrage volontaire, ou par les juges de paix, ou par
les cours de comtés ou cours locales siégeant en cours d'amirauté, ou
par les trois cours d'amirauté siégeant en Angleterre, en Irlande et en
Écosse. L'arbitrage n'est point obligatoire en Angleterre, et la décision
d'un ou plusieurs arbitres choisis par les parties peut toujours être
portée devant les cours d'appel, à moins que l'objet du litige ne s'élève
pas au-dessus de 50 livres, ou qu'il n'y ait eu convention contraire [1].

65. — Juridiction en matière de sauvetage. — Compétence des juges de paix.

Lorsque les parties n'ont pas pu régler leur différend à l'amiable,
toute contestation dans laquelle la valeur de l'objet sauvé n'excède pas
1,000 livres sterling, ou dans laquelle le montant de l'objet réclamé
n'excède pas 200 livres, peut être déférée à deux juges de paix ou à un
magistrat payé (*stipendiary magistrate*). Ces juges de paix sont
choisis par l'autorité locale dans chaque district; sinon le sauveteur
peut en nommer un, et le propriétaire de l'objet sauvé en nommer un
autre [2]. S'ils ne sont pas d'accord entre eux, ils peuvent désigner un
tiers arbitre (*an umpire*). Si les parties n'ont fait aucun choix, deux
juges de paix peuvent décider la contestation dans les « petites sessions. » Tout magistrat payé en Angleterre, tout shériff ou substitut de
shériff en Écosse, tout greffier de bourg ou président de sessions tri-
mestrielles en Irlande, peut exercer en matière de sauvetage la même
juridiction que celle qui a été attribuée aux juges de paix [3]. Ces différents magistrats peuvent s'adjoindre un assesseur maritime (*a nautical
assessor*), et ils sont autorisés à requérir la production de tous documents, à interroger les parties et à déférer le serment [4].

---

[1] Voir acte du 31 juillet 1868, art. 28 et 31.
[2] *Shipping act,* § 460-462. — Act. 25 et 26 Victoria, c. 63.
[3] Act. 25 et 26 Vict.
[4] Lees, *Laws of shipping,* p. 272.

66. — Compétence des cours de comtés.

Au-delà des sommes ci-dessus fixées (1,000 livres pour la valeur de l'objet sauvé et 200 livres pour le montant de la somme réclamée), et avant la loi du 31 juillet 1868 et celle du 20 août 1867 relative à l'Irlande, toutes réclamations de sauvetage étaient attribuées en Angle-terre à la haute cour d'amirauté d'Angleterre ; en Irlande, à la haute cour d'amirauté d'Irlande ; en Écosse, à la haute cour d'amirauté ou cour de session [1]. L'acte du Parlement du 31 juillet 1868 est venu modifier les anciennes dispositions, en attribuant aux cours de comtés une partie de la juridiction des cours d'amirauté, et en autorisant celles-ci à connaître de toute réclamation de sauvetage dans laquelle la valeur des objets sauvés n'excéderait pas 1,000 livres sterling (25,000 francs), ou dans laquelle le montant réclamé n'excéderait pas 300 livres (7,500 francs) [2]. La compétence des cours de comtés peut être étendue par les parties elles-mêmes. Celles-ci peuvent, en signant ou faisant signer une note par leurs fondés de pouvoirs, déclarer se soumettre à la juridiction des cours de comtés, lors même que la valeur de l'objet sauvé ou le montant de la réclamation s'élèveraient au-dessus des sommes ci-dessus indiquées [3].

---

[1] *Shipping act,* § 463. — Lees, *Laws of shipping,* p. 272.

[2] Acte conférant la juridiction d'amirauté aux cours de comtés, en date du 31 juillet 1868, art. 3, § 1. C'est au pouvoir exécutif qu'il appartient de désigner les cours de comtés appelées à siéger comme cours de l'amirauté. Par un ordre du Conseil Privé en date du 14 janvier 1869, ces cours ont été établies à Newcastle, Durham, Stockton, Middlesborough, Hull, Great Grinsby, Boston, King's Lynn, Yarmouth, Lowestoft, Ipswich, Colchester, Londres, Rochester, Ramsgate, Douvres, Brighton, Portsmouth, Southampton, Poole, Exeter, Dorchester, Totnes, Churston Ferrers, East Stokehouse, Irun, Barnstaple, Bridgewater, Bristol Glouces-ter, Newport, Cardiff, Swansea, Carmarthen, Bangor, Liverpool, Bristol et White-haven.

[3] Acte en date du 31 juillet 1868, conférant la juridiction d'amirauté aux cours de comtés, art. 3, § 4. Cet acte n'est applicable qu'à l'Angl-terre proprement dite, mais en Irlande les cours locales ont la juridiction maritime : 1° quand le montant de la valeur ou de l'objet en litige n'excède pas 200 livres ; 2° quand le montant de la valeur ou de l'objet en litige excède 200 livres, mais que les parties accep-tent leur juridiction ; 3° dans certains cas où l'acte a endossé la poursuite d'une affaire devant une cour locale. Voir l'acte du 20 août 1867 relatif à l'Irlande, art. 74. Le même article dispose que les affaires de sauvetage seront décidées d'a-près les règles tracées par l'acte de 1854 et celui de 1862.

67. — Condition de la compétence des cours de comtés. — Appel des juges
de paix et des cours de comtés.

. Toute affaire litigieuse portée devant une cour de comté siégeant en
cour d'amirauté, devra être soumise à la cour dans le district de
laquelle se trouve le navire ou l'objet auquel se rapporte cette réclamation, au début de la procédure [1]. Si le demandeur établit devant la
cour qu'il est probable que le navire ou l'objet de la réclamation peuvent être distraits de sa juridiction avant la décision du juge, celui-ci,
ou en son absence le greffier, est autorisé à délivrer un mandat ordon-
nant la saisie du navire, jusqu'à ce que le défendeur ait offert une
caution non-seulement du montant de la réclamation, mais encore des
frais de procédure. Hors ce cas, les cours de comtés ne pourront ordonner la saisie d'un navire ou de l'objet en litige, que lorsqu'il s'agira
de mesures d'exécution [3]. L'appel de la décision des juges de paix ou
des cours de comtés ne peut être porté devant les hautes cours d'Angleterre, d'Écosse ou d'Irlande, que lorsque le montant de la somme
fixée par le premier jugement excède 50 livres [4]. L'appel n'a pas lieu,
lorsque les parties se sont engagées d'avance par écrit à ne pas y avoir
recours [5]. Autrement, il doit être interjeté dans un délai de 10 jours [3].

68. — Garanties fournies devant les cours supérieures.

Dans tous les cas où la réclamation de sauvetage excède 200 livres,
la haute cour d'amirauté d'Angleterre, la haute cour d'amirauté d'Irlande, la cour de session d'Écosse ont pouvoir de déterminer toutes
questions qui peuvent s'élever à l'égard du montant de la garantie à
donner ou de la caution à fournir. Lorsqu'une caution ou garantie supé-
rieure à 200 livres a été fournie au receveur, le propriétaire des objets
sauvés ou les sauveteurs peuvent s'adresser aux cours précitées, dans
le but de faire juger par elles les points en litige, et ces cours pourront
faire exécuter le payement de cette garantie de la même manière que
si une caution avait été fournie devant ces mêmes cours [6].

---

[1] *Shipping act*, § 460. — Acte du 31 juillet 1868, art. 21, § 1.
[2] Acte du 31 juillet 1868, art. 22.
[3] Même acte, art. 31.
[4] Même acte, art. 24.
[5] Même acte, art. 27.
[6] *Shipping act*, § 468.

69. — Caution offerte par le défendeur.

Lorsqu'une réclamation fondée de sauvetage a été portée devant une cour d'amirauté, la meilleure marche à suivre pour le défendeur, afin de s'épargner des frais de procédure, est d'offrir à la cour, dès le début, non pas seulement verbalement, mais par un acte judiciaire, une certaine somme pour le sauvetage, avec offre de payer les frais encourus. La cour examine si la somme offerte est suffisante, et dans ce cas, elle rend la partie qui refuse les offres non-seulement passible de ses propres frais, mais aussi de ceux qui ont été faits par l'autre partie, s'il est reconnu que les poursuites intentées ont été vexatoires. Si un procès a été commencé, après les offres de sauvetage réputées suffisantes par la cour, les frais seront mis à la charge de la partie qui a refusé les offres [1].

70. — Nécessité pour le capitaine de recourir à la voie des tribunaux.

Avant de s'adresser aux tribunaux, le capitaine devra essayer du moyen de la conciliation, en recourant à un arbitrage amiable. S'il est vrai qu'un mauvais accommodement est toujours meilleur qu'un bon procès, c'est surtout vrai en Angleterre, où la procédure est très-lente, et où les poursuites judiciaires sont excessivement coûteuses. Dans la plupart des cas, le capitaine ne pourra se dispenser de prendre les conseils d'un jurisconsulte. Un des grands avantages de l'extension de juridiction, c'est que le capitaine ne sera plus obligé, contre son gré, de se soumettre à un arbitrage pour éviter un dispendieux procès. Mais si la transaction qu'on lui propose lui paraît inique, si les prétentions qu'on élève lui semblent injustifiables, il aurait tort de ne pas les repousser par la voie judiciaire, alors qu'il ne lui est plus nécessaire, comme autrefois, de recourir dans tous les cas à la haute cour d'amirauté, et qu'il peut faire prévaloir son droit devant une juridiction locale.

---

[1] *Abbott on shipping*, p. 589.

Avaries.

71. — Des avaries

Il n'a été question plus haut que du naufrage proprement dit, que du cas où le navire était complétement perdu ou déclaré innavigable. Il peut arriver, au contraire, que le navire, après avoir éprouvé des avaries plus ou moins fortes, soit en état, lorsqu'il a été réparé, de reprendre la mer et d'achever son voyage. Alors, il n'y a plus lieu au délaissement, comme dans le cas de naufrage, mais à ce que l'on appelle l'action d'avaries, c'est-à-dire que le propriétaire du navire a seulement le droit d'obtenir le montant des dépenses occasionnées par le dommage. Pour tout ce qui concerne les mesures de sauvetage, le capitaine devra se conformer aux règles qui ont été exposées ci-dessus, mais il sera soumis à d'autres prescriptions, lorsque le navire pourra être réparé, ou bien lorsque la cargaison seulement aura essuyé des avaries.

72. — Classification des avaries.

Le droit anglais distingue, comme le droit français, deux espèces d'avaries, l'avarie commune et l'avarie particulière. Comme en France, on appelle avarie commune tout dommage volontaire supporté par une partie du navire ou de la cargaison pour le bien et le salut de l'un et de l'autre, l'avarie particulière tout dommage involontaire résultant d'un accident particulier ou du vice de la chose propre. Il faut que l'avarie ait été soufferte volontairement et en vue du salut commun, pour avoir le caractère d'avarie commune ; mais une fois que le sacrifice a été fait pour le bien de tous les intéressés, il est de règle que tous aussi contribuent à la perte [1].

73. — Avaries communes.

De même que dans la loi française, on a rangé en Angleterre parmi les avaries communes, les marchandises jetées à la mer, les dom-

---

[1] Lees, *Laws of British shipping*, p. 317. — *Abbott on shipping*, p. 426. — *Manual for shipmasters*, p. 125.

mages occasionnés par le jet aux marchandises restées dans le navire, les câbles ou mâts coupés, les ancres et autres effets abandonnés
pour le salut commun, les frais de déchargement, lorsqu'il s'agit de
réparer les avaries éprouvées par un navire, à la suite d'une tempête
ou d'un abordage, afin de lui permettre de continuer le voyage ; le pan-
sement et la nourriture des matelots blessés en défendant le navire [1],
enfin tout ce qui a été dépensé, abandonné, sacrifié volontairement
dans un but de salut commun et de sûreté générale.

74. — Avaries communes en Angleterre.

Il est impossible d'énumérer tous les cas qui constituent soit des avaries communes, soit des avaries particulières. La classification dans
l'une ou l'autre catégorie dépend, d'ailleurs, beaucoup de circonstances de fait. Cependant, de nombreuses contestations ont été portées
devant les cours du Royaume-Uni, et la jurisprudence a consacré un
certain nombre de précédents qui font aujourd'hui autorité en Angleterre.

75. — Avaries communes en Angleterre (*suite*).

Ont été considérées comme avaries communes :

1° Les marchandises jetées à la mer après délibération, ou les mâts,
gréements, embarcations, etc., etc. sacrifiés pour le salut commun,
pendant que le navire était en détresse, ou les dommages causés au navire ou à la cargaison, en coupant ses flancs ou le pont pour effectuer
ou faciliter le jet ;

2° Les pertes occasionnées par suite d'échouement volontaire sur
un rivage en vue d'éviter l'ennemi, ou des rochers dangereux sur lesquels le navire est poussé par la tempête ;

3° Les câbles attenant à l'ancre, les mâts, les gréements, les embarcations sacrifiées pour alléger et préserver le navire et la cargaison,
dans un danger imminent, et lorsque la sûreté générale exigeait ce sacrifice ;

4° Les ancres abandonnées ou filées par le bout, les câbles coupés,
les voiles, cordages ou l'ameublement abandonnés pour relever le navire, éviter d'aller à la côte ou sur des rochers, prévenir un abordage
ou lorsque le navire a été jeté à la côte ou abordé ;

---

[1] *Abbott on shipping*, p. 521-541.

5° L'échouement volontaire, pour le salut du navire ou de la cargaison, sur un rocher, bas-fond ou côte, dans le cas où il y a danger d'être chassé par la tempête, pris par l'ennemi ou porté à terre ; les avaries survenues au navire ou à la cargaison ou à tous deux, par suite de cet échouement volontaire ; les marchandises jetées à la mer pour faire flotter le navire ; les frais de chargement et de déchargement, lorsque le navire est remis à flot ;

6° La perte d'une partie de la cargaison transbordée dans des chalands ou dans des embarcations, pour alléger le navire, dans quelque danger extraordinaire imminent, ou pour l'empêcher de sombrer, pour le remettre à flot lorsqu'il est échoué, pour le faire entrer dans un port lorsqu'il est en détresse ; pour passer une barre ou pour remonter une rivière ;

7° Les frais de déchargement, de magasinage, de rechargement, lorsqu'il y a absolue nécessité de réparer le navire, lorsque ces réparations sont nécessaires au salut commun du navire et de la cargaison, et que ces frais sont le résultat d'un accident survenu en cours de voyage, qui a forcé le navire à entrer dans un port de relâche ;

8° La location d'auxiliaires extraordinaires en vue de sauver le navire et la cargaison, dans des circonstances exceptionnelles, lorsqu'il y a danger pour tous deux ; la location de bras extraordinaires pour tenir le navire étanche, de manière à ne pas avarier la cargaison, et si le fait ne provient pas du vice propre du navire ;

9° Les frais de déchargement de tout ou partie de la cargaison, lorsqu'un navire est échoué ou en danger d'être perdu, afin d'alléger ce navire, et même les dépenses ayant pour objet de le remettre à flot avec sa cargaison à bord ;

10° Les dommages occasionnés pendant le jet aux autres marchandises, qu'elles aient été avariées par l'eau de mer ou enlevées par les lames ; en cas d'incendie, le dommage occasionné aux marchandises par les moyens qui ont servi à l'éteindre ;

11° Les dépenses nécessaires pour retourner au port et y faire des réparations, lorsque la relâche était indispensable au salut commun ; dans ce cas, on fait entrer en avarie grosse les dépenses de frais de port, les gages et la nourriture de l'équipage pendant la durée du séjour dans le port où se font les réparations ;

12° La vente d'une partie de la cargaison pour acquitter des réparations soumises à l'avarie grosse, lorsque le capitaine se trouve dans un port étranger, et qu'il n'a pas d'autre moyen de payer ces réparations [1].

76. — Avaries particulières en Angleterre.

Sont considérées comme avaries particulières :

1° La perte d'une ancre ou d'un câble ; l'écartement d'un bordage ;

2° La perte de voiles, de mâts, de câbles enlevés ou brisés par la violence du vent ou dans une tempête, le filage d'ancres et chaînes, dans le cas de gros temps ;

3° Le dommage causé à un navire et à ses agrès par suite du gros temps, qui oblige le capitaine à relâcher dans un port pour y radouber, et les loyers et nourriture des matelots, pendant la détention du navire ;

4° Les dépenses résultant d'une voie d'eau à réparer, les frais de déchargement et de rechargement, les réparations à faire en pareil cas, ainsi que l'entretien des matelots pendant la durée des réparations ;

5° Les frais occasionnés par une relâche que la nature du temps rendait un acte de prudence, mais qui n'exigeait de la part du navire aucun sacrifice pour le salut commun ;

6° La vente d'une partie de la cargaison par le capitaine, pour acquitter les réparations nécessaires au navire, par suite des périls ordinaires de mer ;

7° Les frais de réparation lorsque le navire peut être réparé avec la marchandise à bord, les frais de déchargement de la cargaison, simplement pour la conserver en bon état, le déchargement des provisions du navire, lorsque le chargement est à terre, et que le déchargement des provisions n'a lieu que pour la sécurité du navire ;

8° Les frais faits, lorsqu'un navire arrive dans un port intermédiaire, après avoir été tellement désemparé, qu'il devenait nécessaire de décharger la cargaison, tant pour les réparations du navire que pour sa propre conservation, lorsque dans ce port une partie proportionnelle du fret y est payée, et que la marchandise est transbordée. Dans ce cas, les frais de déchargement, de transbordement et de réexpédition de la marchandise incombent à la cargaison seulement, tandis que les frais de réparation sont à la charge du navire ;

---

[1] Lees, *Laws of British shipping*, p. 31²-35⁹.

9° Les dépenses du capitaine dans le port de relâche pendant la durée du déchargement, des réparations, du rechargement ; les dépenses faites pour remplacer les déserteurs, les gratifications extraordinaires promises par le capitaine aux matelots, au moment du danger, pour stimuler leur zèle ;

10° Les gages et la nourriture de l'équipage, quand le navire est arrêté dans un port étranger, par ordre d'une puissance ; lorsque le bâtiment attend un bâtiment de conserve, ou lorsqu'il a été retenu par les glaces, en cours de voyage ;

11° Les dépenses ayant pour objet de réparer les avaries accidentellement causées par fortune de mer, en cours de voyage ;

12° La perte des marchandises transportées du navire au port de destination sur des bateaux ou alléges, lorsqu'elles ont été chargées et qu'elles ont été perdues ; mais si ces marchandises ont été mises en sûreté et que le navire et les autres marchandises ont été perdues, celles qui ont été chargées à bord des alléges ne contribuent pas à l'avarie commune ;

13° Les pertes résultant de la vente faite par le capitaine d'une partie de la cargaison, lorsqu'il n'a pas les fonds ou les moyens nécessaires pour se procurer de l'argent et acquitter des réparations, soit dans un port intermédiaire, soit dans le port de destination ;

14° Les frais de relâche dans un port occasionnés par suite de mauvais temps, de manque d'eau ou de provisions ;

15° La perte des marchandises chargées sur le pont et jetées à la mer, à moins qu'elles n'aient été transportées ainsi conformément aux usages commerciaux, dans le voyage pendant lequel elles ont été ainsi chargées [1].

77. — Conditions de l'avarie commune.

La loi française considère comme avaries grosses les dommages soufferts volontairement et les dépenses faites d'après les *délibérations motivées* pour le bien et le salut commun du navire et des marchandises, depuis leur chargement et départ jusqu'à leur retour et déchargement [2]. Cette expression *délibérations motivées* ne saurait être prise dans un sens trop restreint. En effet, des avaries peuvent être com-

---

[1] *Laws of British shipping*, art. 150-151.
[2] *Code de commerce*, art. 400.

munes, quoiqu'il n'y ait pas eu délibération. Au milieu d'une tempête, dans un moment de péril imminent, il peut être souvent difficile, quelquefois impossible de délibérer. De même, en Angleterre, l'usage a consacré la règle que les avaries étaient communes, lorsqu'elles avaient été souffertes volontairement, *advisedly*, après réflexion, *deliberately*, après délibération, mais sans en faire une condition absolue. C'est au capitaine à décider de l'opportunité et de l'urgence du sacrifice ; mais il doit consulter, autant que possible, ses officiers, son équipage, et le subrécargue, s'il y en a un à bord [1].

78. — Législation sur les abordages en France.

La législation de tous les pays a établi des règles spéciales pour les dommages supportés par des navires qui se rencontrent en mer, et en s'abordant, éprouvent des avaries. D'après le droit français, si un abordage a été purement fortuit, le dommage est supporté sans répétition par celui des navires qui l'a éprouvé. Si l'abordage a été fait par la faute de l'un des capitaines, le dommage est payé par celui qui l'a causé. S'il y a doute dans les causes de l'abordage, le dommage est réparé à frais communs et par égales portions, par les navires qui l'ont fait et souffert. Dans ces deux derniers cas, l'estimation est faite par experts [2].

79. — Législation sur les abordages en Angleterre.

Les mêmes règles sont à peu près usitées en Angleterre. On a supposé quatre cas : 1° si la collision a eu lieu par suite de fortune de mer ou force majeure ; 2° si les deux bâtiments sont en faute ; 3° s'il y a eu mauvaise direction (*mismanagement*) du navire endommagé ; 4° si la collision a été occasionnée par l'un des deux navires.

Dans le premier cas, c'est-à-dire lorsque la collision a eu lieu par suite de fortune de mer, le dommage est supporté par celui des deux navires qui l'a éprouvé. Dans le second cas, lorsqu'il y a eu faute de la part des deux navires, le dommage est supporté à frais communs ; dans le troisième cas, s'il y a eu mauvaise direction dans le comman-

---

[1] Lees, *Laws of British shipping*, p. 317. — *Manual for shipmasters*, p. 125-126.

[2] *Code de commerce*, art. 407.

dement du navire endommagé, le dommage est supporté par celui qui l'a éprouvé, et enfin, dans le quatrième cas, si le dommage a été occasionné par l'un des deux navires, le navire endommagé a droit à exiger une compensation entière de la part de l'autre [1].

80. — Précautions recommandées au capitaine en cas d'abordage.

S'il y a eu faute de la part du navire abordeur, le capitaine devra faire tous ses efforts pour obtenir du capitaine de ce navire la constatation du dommage causé. Il devra également faire signer une déclaration par les principaux de son navire et ceux du navire abordeur, s'ils ne s'y refusent pas, faire dresser un protêt devant notaire, et ordonner une expertise [2].

81. — Restrictions apportées à l'intervention des consuls. — Mêmes recommandations aux capitaines.

Une circulaire du ministère de la marine a limité l'intervention des consuls, en les invitant à n'interposer d'office leur autorité que dans les seuls cas de naufrage ou d'avaries grosses. Cette circulaire dispense le capitaine de tout recours au consul, à moins qu'il n'ait été obligé par les intéressés à suivre une procédure d'avaries lorsque ceux-ci auront cru cette procédure nécessaire pour sauvegarder leurs intérêts. C'est donc entièrement sous sa responsabilité personnelle que le capitaine doit faire réparer les avaries particulières [3]. Cette responsabilité est la même à l'égard du navire que de la cargaison. Il est dans la position ordinaire d'un voiturier, *a common carrier*, et il ne saurait se soustraire à aucune des obligations qu'il a contractées, en s'engageant à transporter le navire ou la marchandise au lieu de destination. Il devra prendre toutes les mesures conservatoires qui lui paraîtront le plus convenables dans l'intérêt de l'un ou de l'autre ; il aura à faire expertiser le navire ou la marchandise, et pour peu que l'avarie soit de quelque importance, il devra faire un protêt ; dans aucun cas, il ne devra jamais omettre de rendre compte de sa conduite soit à ses armateurs, soit aux propriétaires ou consignataires, soit aux chargeurs.

---

[1] Lees, *Laws of shipping*, p. 247. — *Abbott on shipping*, p. 611.
[2] E. Blache, *Guide du capitaine*, p. 179.
[3] Circulaire du Ministère de la marine en date du 23 juin 1863.

82. — Devoir du capitaine de constater les avaries.

Toutes les fois que des avaries communes ont été essuyées par un navire, la loi française prescrit au capitaine d'affirmer dans les vingt-quatre heures de son arrivée les faits contenus dans la délibération transcrite sur le registre de bord [1]. Ce rapport doit être, à la diligence du consul, vérifié et contrôlé par l'audition de l'équipage et des passagers. Cette formalité est également prescrite en Angleterre et soumise aux mêmes règles que le protêt pour cause de naufrage. Le protêt d'avaries devant un notaire ou autre personne apte à déférer le serment est obligatoire, et le capitaine français ne saurait négliger cette disposition, surtout lorsque son chargement est un chargement étranger, ou bien lorsque la cargaison est assurée en Angleterre.

83. — Nécessité de décharger les marchandises.

Souvent, après avoir été renfloué, le navire ne peut être conduit sur le gril pour y être visité qu'après avoir été entièrement déchargé. Hors le cas de péril imminent, la loi française prescrit au capitaine de ne décharger aucune marchandise avant d'avoir fait son rapport [2]. La même règle est observée en Angleterre : le capitaine ne peut opérer le déchargement avant le protêt, à l'exception, bien entendu, des cas de force majeure. Si le capitaine peut correspondre avec les autres parties intéressées, il fera bien de leur demander par écrit l'autorisation de faire emmagasiner ou vendre les marchandises ; mais, à défaut d'autorisation écrite, la loi lui permet, après expertise, soit de faire transborder les marchandises déchargées sur un autre navire, soit de les faire emmagasiner, en en dressant un inventaire exact, soit même de les faire vendre, si elles sont sujettes à dépérissement [3].

84. — Protêt d'avaries en Angleterre.

L'avarie peut être constatée ou dans le port de chargement, ou dans un port intermédiaire, ou dans le port de déchargement. Dans les trois cas, la loi française enjoint au capitaine d'adresser son rapport

---

[1] *Code de commerce*, art. 412-413.
[2] *Code de commerce*, art. 248.
[3] *Manual for shipmasters*, p. 180-185.

au consul. Le protèt d'avaries en Angleterre doit être fait par le capitaine dans le port de relâche forcée, et dans tous les cas, dès son
arrivée au port de destination. On insère dans cet acte toutes les particularités de l'avarie, on mentionne qu'elle a été constatée sur le livre
de bord, aussitôt que possible. Le capitaine doit prêter serment, lui et
les principaux de son équipage, que la perte a été encourue par fortune de mer ou pour le salut du navire et de la cargaison, la conservation de la vie de ceux qui étaient à bord, et non pour une autre
cause [1].

85. — Faculté laissée en Angleterre au capitaine de choisir les experts.

D'après les règles prescrites par l'administration française, le capitaine, après avoir remis son rapport ou acte de protèt, doit adresser
au consul une requète tendant à la nomination d'experts pour constater l'état du navire, la possibilité de le réparer, la nécessité de le
décharger pour exécuter les réparations jugées indispensables, enfin
le devis approximatif des dépenses [2]. En Angleterre, comme en France,
le capitaine est tenu de faire expertiser son navire, mais, ainsi qu'on
l'a vu plus haut, il n'est pas obligé d'en demander l'autorisation à
l'autorité locale. On lui recommande de choisir pour cette expertise
des personnes honorables et compétentes. C'est à lui seul qu'appartient le choix des experts, mais aussi à lui qu'incombe la responsabilité
de ce choix, et le soin de faire exécuter les travaux. Le capitaine doit
envoyer une copie de l'expertise à ses armateurs et à ses chargeurs [3].

86. — Obligation d'avaries.

On a vu plus haut comment le capitaine, en cas de naufrage, ne
pouvait mieux sauvegarder les intérêts du navire vis à vis des autres
cointéressés, qu'en leur faisant signer une obligation d'avaries. Il
devra recourir au même moyen, même lorsqu'il n'y aurait pas lieu de
supposer que le navire sera entièrement perdu, et toutes les fois que
les autres cointéressés seront présumés devoir prendre part à la
contribution commune. De même que dans le cas de naufrage, le ca-

---

[1] Lees, *Laws of British shipping*, p. 318.
[2] De Clercq, *Guide pratique des consulats*, p. 188.
[3] *Letters to a young mariner*, p. 87. — *Manual for shipmasters*, p. 173.

pitaine fait signer l'obligation d'avaries aux consignataires ou aux propriétaires de la marchandise. L'on a vu que le propriétaire s'oblige pour sa part dans le règlement d'avaries, mais qu'il n'en est pas de même du consignataire. Il prend livraison des marchandises conformément au connaissement et obligations stipulées dans ce document, mais il n'est pas soumis à la même responsabilité que le propriétaire. Il est vrai que le capitaine a toujours son recours contre ce dernier [1].

87. — Obligations du capitaine lorsque le navire peut être relevé.

Lorsque le navire a été déclaré innavigable par les experts, le capitaine en fait abandon aux assureurs; mais il n'en sera plus de même lorsque les experts auront décidé que le navire est susceptible d'être réparé. Si les réparations ne peuvent être effectuées sans qu'il y ait lieu de procéder au déchargement des marchandises, on effectuera ce déchargement, comme on l'a indiqué plus haut, nº 83, après expertise. Il peut arriver que les réparations soient opérées dans un bref délai, ou bien, au contraire, qu'elles exigent une assez longue durée. Alors, il y a lieu d'examiner s'il convient de conserver la cargaison ou de la transborder sur un autre navire. Cet examen sera également confié à des experts [2].

88. — Conditions auxquelles l'expertise est soumise en Angleterre.

Non-seulement le capitaine est tenu à faire expertiser le navire, il doit aussi faire expertiser la marchandise. Il est de règle, ainsi qu'on l'a vu, de laisser en Angleterre les capitaines choisir des experts parmi des personnes « compétentes et dûment qualifiées [3]. » En l'absence du consul, et puisqu'il ne peut s'adresser à l'autorité locale, le capitaine aura à se conformer à la règle anglaise. Mais il ne doit jamais oublier que s'il a le choix des experts. il est tenu de choisir des personnes capables, et que si sa responsabilité est, en quelque sorte, dégagée, lorsqu'il n'a encouru aucun reproche à cet égard, elle serait compromise, au contraire, s'il était démontré qu'il a agi sans discernement et avec négligence. Comme on l'a vu plus haut, nº 42, il

---

[1] *Letters a young mariner*, p. 178-179. — *Abbott on shipping*, p. 554.
[2] *Letters to a young mariner*, p. 89.
[3] *Manual for shipmasters*, p. 175.

devra avertir les intéressés, rendre compte au consul le plus voisin du lieu où il se trouve des faits qui ont motivé l'expertise, et l'informer du choix des experts.

89. — Faculté laissée en Angleterre au capitaine d'exécuter les travaux.

L'administration française prescrit au capitaine d'adresser au consul une nouvelle requête pour se faire autoriser à exécuter les réparations dont la nécessité a été constatée [1]. Cette formalité n'existe pas en Angleterre. Ici encore, le capitaine agit sous sa propre responsabilité, et c'est lui qui doit justifier vis-à-vis de ses armateurs, des assureurs ou des autres intéressés, des mesures qu'il a cru devoir prendre. On entend par réparations, en Angleterre, non pas celles qui auraient pour objet de réparer complétement le navire, mais seulement celles qui sont nécessaires pour permettre au navire de tenir la mer, de naviguer sur lest ou chargé jusqu'au port de destination [2]. Le capitaine doit faire exécuter les réparations, sans perdre de temps [3]; s'il se rendait coupable de négligence, les chargeurs pourraient le rendre responsable [4].

90. — Location d'un autre navire.

D'après le droit français, le capitaine, dans le cas où il ne peut radouber son navire, est tenu d'en louer un autre [5]. En Angleterre, si le vaisseau a été désemparé en cours de voyage, sans qu'il y ait faute de la part du capitaine, celui-ci a le choix de faire radouber son navire, dans le cas où ce radoub pourrait avoir lieu, ou bien de louer un autre navire pour transporter les marchandises au lieu de destination [6]; mais il n'y est pas tenu, comme en France; du moins, il a été décidé en Angleterre, que lorsqu'un navire a été tellement endommagé par fortune de mer qu'il ne peut être réparé sans excéder sa valeur réelle, après la réparation, le capitaine a la faculté d'aban-

---

[1] De Clercq, *Guide pratique des consulats*, p. 189
[2] *Dana's seamen's friend*, p. 319.
[3] *Manual for shipmasters*, p. 179.
[4] *Manual for shipmasters*, p. 179.
[5] *Code de commerce*, art. 296.
[6] *Abbott on shipping*, p. 323. — Lees, *Laws of British shipping*, p. 340. — *Manual for shipmasters*, p. 180.

donner son voyage, et n'est pas tenu, comme agent de son armateur, à charger les marchandises sur un autre navire [1].

91. — Réparations au navire.

Non-seulement le capitaine ne doit faire exécuter d'autres réparations que celles qui sont nécessaires et ordonnées par experts, mais lorsqu'elles sont achevées, il ne doit mettre aucun retard à prendre la mer [2]. Il faut également que les réparations aient eu pour cause les accidents de mer, car si elles avaient été occasionnées, ou parce que le navire n'était pas en état de bonne navigabilité au départ, ou parce qu'il n'était pas étanche ou assez fort pour le voyage, il y aurait à examiner si les assurances faites sur le navire et la cargaison ne sont pas viciées, et dans ce cas, toutes les dépenses tomberaient à la charge des armateurs [3]. Pour éviter toute contestation à cet égard, on ne saurait trop recommander aux capitaines de se faire délivrer, avant la mise en charge pour un voyage au long cours, un certificat de parfaite navigabilité.

92. — Droit du capitaine de retenir la marchandise

D'après une règle généralement admise en Angleterre, le capitaine peut retenir la marchandise jusqu'à ce que son navire ait été entièrement réparé, pourvu qu'il use de diligence [4]. Si cependant les réparations devaient se prolonger au delà de plusieurs semaines, les chargeurs pourraient retirer la marchandises, en payant le fret ou une partie du fret, ou s'engager, lorsque le navire sera réparé, à remettre au capitaine la même quantité de marchandises. Ceux-ci devront, dans tous les cas, l'affranchir de tout recours de la part de ceux à qui il doit en faire la livraison [5].

93. — Vente des marchandises sujettes à dépérissement.

On a vu plus haut, n° 47, quelles étaient les obligations du capitaine, lorsque la marchandise déchargée était avariée et sujette à

[1] *Manual for shipmasters*, p. 183. — *Dana's seamen's friend*, p. 330.
[2] *Manual for shipmasters*, p. 179 — *Dana's seamen's friend*, p. 319.
[3] *Manual for shipmasters*, p. 183.
[4] *Abbott on shipping*, p. 323. — *Manual for shipmasters*, p. 179.
[5] *Letters to a young mariner*, p. 82-83.

dépérissement. Que le navire soit déclaré innavigable ou qu'il soit susceptible d'être réparé, le capitaine doit agir au mieux des intéressés, et considérer les marchandises comme si elles étaient sa chose propre. Il devra prendre garde de se laisser circonvenir par des étrangers, qui pourraient avoir intérêt à ce que les marchandises fussent vendues, mais seulement prendre conseil de lui-même [1]. D'après les dispositions adoptées en France, le capitaine ne peut procéder à la vente qu'après avoir fait constater par experts assermentés l'état dans lequel les marchandises se trouvent, et l'impossibilité d'en opérer la bonification ou de les conserver en magasin, sans que leur valeur soit à peu près absorbée par une détérioration devenue inévitable ou par les frais de loyer [2].

94. — Dépôt des marchandises si elles ne sont pas sujettes à dépérissement.

On a vu plus haut, n° 48, comment le capitaine pourrait, en Angleterre, vendre, après expertise, les marchandises sujettes à dépérissement. La même vente pourra avoir lieu, même lorsque le navire sera mis en état de continuer son voyage. Si, au contraire, elle n'est pas sujette à dépérissement, et qu'elle ne soit pas chargée à bord d'un autre navire, le capitaine devra la faire déposer dans un magasin ou lieu de sûreté. Il fera bien également d'en donner avis aux chargeurs ou propriétaires, de les informer des dispositions qu'il a cru devoir prendre et même de leur demander ce qu'il doit faire [3]. Il ne devra jamais négliger de faire assurer pour qui de droit les marchandises déchargées, qu'elles soient déposées en magasin, ou qu'elles soient transbordées sur un autre navire.

95. — Droit du capitaine de recevoir le fret intégral ou partiel.

On a vu plus haut, n° 49, que si le navire, qui était en parfait état de navigabilité au départ, avait été désemparé par fortune de mer pendant le voyage, l'armateur avait droit au fret entier, pourvu qu'il fît parvenir la marchandise au lieu de destination. Il a également droit

[1] *Abbott on shipping*, p. 324. — *Letters to a young mariner*, p. 145.
[2] Ordonnance du 29 octobre 1833, art. 72. — Instructions de la marine du 31 août 1848. — *Formulaire des chancelleries*, p. 235.
[3] *Abbott on shipping*, p. 326. — *Manual for shipmasters*, p. 175.

au fret entier, lors même que l'affréteur serait désigné comme consignataire dans le premier connaissement, et que le second fret aurait été obtenu à des conditions meilleures [1]. Mais il n'a pas droit au fret intégral, si les marchandises n'ont pas été réexpédiées, à moins que les réclamateurs n'aient pris livraison d'office de la marchandise, ou qu'il ne soit intervenu un nouvel accord [2].

96. — Droit du capitaine de recevoir le fret intégral ou partiel (*suite*).

On a vu également plus haut qu'en cas de naufrage, le capitaine avait droit au fret intégral ou au fret partiel, selon que la marchandise avait été livrée au port de destination ou dans un port intermédiaire. L'on retrouve l'application des mêmes règles dans le cas d'avaries [3]. Il a droit également à l'intégralité du fret, dans le cas où le chargeur ne consentirait pas à la réexpédition des marchandises [4]. C'est la même disposition que celle qui est prescrite en France [5]; le Code de commerce ajoute même que le chargeur est tenu de payer les frais de déplacement occasionnés par le déchargement.

97. — Droit du capitaine de recevoir le fret intégral ou partiel (*suite*).

Le Code de commerce a établi cette règle, que si le capitaine n'a pu louer un autre navire, le fret n'est dû qu'à proportion de ce que le voyage est avancé [6]. Le même principe est consacré en Angletrre; il est de règle générale, dans ce cas, que le fret doit être payé à proportion du voyage accompli [7]. Si le capitaine se refuse à faire parvenir la marchandise au lieu de destination, le réclamateur n'est tenu à aucun fret [8].

98. — Vente des marchandises non sujettes à dépérissement.

Mais indépendamment des marchandises sujettes à dépérissement,

---

[1] *Laws of shipping*, p. 310. — *Manual for shipmasters*, p. 181.
[2] Lees, *Laws of shipping*, p. 310.
[3] Lees, *Laws of shipping*, p. 310. — *Dana's seamen's friend*, p. 180.
[4] *Manual for shipmasters*, p. 180. — Lees, *Laws of shipping*, p. 340.
[5] *Code de commerce*, art. 293.
[6] *Code de commerce*, art. 296.
[7] *Abbott on shipping*, p. 386.
[8] Lees, *Laws of shipping*, p. 72.

le capitaine peut être amené à vendre une partie de la cargaison, par exemple, s'il se trouve sans ressources pour payer les réparations du navire. La loi française a autorisé le capitaine à vendre des marchandises, jusqu'à concurrence de la somme que les besoins constatés exigent [1]. La jurisprudence anglaise a consacré les mêmes principes. Le premier devoir du capitaine est de transporter la marchandise au lieu de destination [2]; il a cependant la faculté de vendre les marchandises, lorsque la garantie du navire et du fret est insuffisante pour l'acquittement des réparations [3].

99. — Décision en pareil cas à l'égard du fret.

Mais la vente de ces marchandises peut annuler le fret; il a été décidé, en Angleterre, que, dans le cas où le capitaine, par suite de fortune de mer, ne pourrait transporter les marchandises au port de destination, et où une partie de ces marchandises était vendue au port de relâche, spécialement pour payer les réparations qu'il avait été obligé de faire, qu'alors il n'était dû aucun fret pour les marchandises vendues [4].

100. — Règles auxquelles est soumis le capitaine, lorsqu'il vend
des marchandises.

La loi anglaise autorise le capitaine à vendre une partie des marchandises, sans poser de restriction, sans établir de limite, mais évidemment, ainsi que le dit clairement le Code de commerce, jusqu'à concurrence de la somme que les besoins constatés exigent. Il a cependant été jugé en Angleterre, que la vente de marchandises ne pouvait être autorisée par une cour de justice, et des chargeurs ont pu exercer un acte en revendication contre le capitaine qui avait vendu des marchandises non sujettes à dépérissement [5]. L'on recommande, en pareille circonstance, aux capitaines anglais de faire tout ce qu'un homme sage et prudent jugerait le plus avantageux pour tous les inté-

---

[1] *Code de commerce*, art. 231.

[2] *Manual for shipmasters*, p. 200. — Lees. *Laws of shipping*. — *Abbott on shipping*, p. 321.

[3] *Manual for shipmasters*, p. 200.

[4] Lees, *Laws of shipping*, p. 75.

[5] Lees, *Laws of British shipping*, p. 74. — *Manual for shipmasters*, p. 178. — *Dana's seamen's friend*, p. 326. — *Abbott on shipping*, p. 325-326.

ressés [1]. Comme en France, les propriétaires du navire ou le capitaine doivent tenir compte des marchandises vendues, d'après le cours
des marchandises de même nature et qualité dans le lieu de déchargement, à l'époque de l'arrivée du navire [2].

101. — Vente des marchandises en cas d'absolue nécessité.

Il est cependant des cas d'absolue nécessité où le capitaine pourrait
être justifié d'avoir vendu la cargaison tout entière. Ainsi, par exemple,
il peut arriver qu'il convienne mieux de vendre la marchandise que
de la transborder sur un autre navire. On a admis qu'il n'était pas
obligé, d'une manière absolue, à effectuer le transbordement ; c'est
plutôt une faculté qu'une obligation ; il peut n'en avoir pas les moyens ;
mais en supposant même qu'il eût les moyens à sa disposition, il peut
encore, croyant agir pour le mieux, se décider à vendre [3]. Il peut y
avoir lieu de procéder autrement avec un chargement de fruits ou de
poisson qu'avec un chargement de bois ou de fer.

102. — Responsabilité du capitaine à l'égard des réparations d'avaries.

Le capitaine est personnellement responsable des réparations qu'il
a fait exécuter, des fournitures qui lui ont été livrées, des sommes
qu'il a empruntées [4] ; mais il peut engager également le crédit des
armateurs : il faut alors que le prêteur puisse prouver que l'argent a
été emprunté pour les besoins du navire, que la somme spécifiée dans
l'emprunt était nécessaire, que le prêt a été réellement appliqué à la
dépense faite dans l'intérêt du navire [5]. Comme en France, le capitaine ne peut emprunter, lorsqu'il se trouve dans le lieu de résidence
de ses armateurs [6].

103. — Interdiction au capitaine de vendre le navire.

Hors le cas d'innavigabilité légalement constatée, la loi française

---

[1] *Manual for shipmasters*, p. 201. — Lees, *Laws of shipping*, p. 76.

[2] *Manual of shipping*, p. 200.

[3] Lees, *Laws of shipping*, p. 73. — *Abbott on shipping*, p. 323. — *Manual for shipmasters*, p. 180. — *Dana's seamen's friend*, p. 327-328.

[4] Lees, *Laws of shipping*, p. 70.

[5] Lees, *Laws of shipping*, p. 70.

[6] Lees, *Laws of shipping*, p. 71.

défend au capitaine de vendre le navire, sans un pouvoir spécial des propriétaires. Le même principe est consacré en Angleterre. La règle généralement admise, c'est que tant que le navire reste navire, capable de naviguer, même lorsque des réparations doivent être faites, le capitaine ne peut le vendre. Il ne peut en aliéner les débris que lorsque le navire a été mis en pièces par la tempête et est devenu un objet naufragé, *a wreck*. La vente peut cependant avoir lieu dans des cas d'extrême nécessité, comme le ferait le propriétaire lui-même, s'il était sur les lieux. Dans ce cas, il faut que le capitaine ait non-seulement agi avec tout son jugement, honnêtement, loyalement, mais que le besoin de réparations ait été occasionné par fortune de mer, que le bâtiment se trouve dans un lieu où l'on ne puisse effectuer de réparations, qu'il ait été impossible de se procurer les fonds nécessaires, et qu'il y ait urgence à vendre au profit des intéressés [1].

101. — Moyens laissés au capitaine d'acquitter les réparations.

Lorsque les réparations ont été effectuées, le capitaine devra acquitter ces réparations, soit avec les fonds dont il dispose, soit avec ceux qu'il pourra se procurer, en émettant des traites sur ses armateurs. Il est possible que ces ressources lui manquent, et alors il pourra soit prendre des arrangements avec les entrepreneurs, soit engager le navire, soit même engager la cargaison. Alors il pourra vendre les marchandises jusqu'à concurrence de la somme que les besoins constatés exigent ; alors il pourra emprunter sur le corps et la quille du vaisseau, aussi bien que sur les marchandises [2]. Les mêmes principes ont prévalu en Angleterre. On vient de voir les restrictions mises à la vente du navire ou de la marchandise ; il reste à examiner les règles auxquelles est soumis en Angleterre l'emprunt à la grosse, d'autant que, sur ce sujet, la jurisprudence anglaise diffère en plusieurs points des dispositions du Code de commerce [3].

---

[1] *Abbott on shipping*, p. 10 à 18. — Lees, *Laws of British shipping*, p. 76-79. — *Dana's seamen's friend*, p. 311-317. — *Manual for shipmasters*, p. 181.

[2] *Code de commerce*, art. 234 et 331.

[3] Lees, *Laws of British schipping*, p. 331-339. — *Manual for shipmasters*, p. 175-189. — *Dana's seamen's friend*, p. 311-331.

105. — Faculté au capitaine d'emprunter à la grosse.

D'après la loi française, le capitaine qui, n'ayant pas de fonds à sa disposition pour payer les dépenses occasionnées par sa relâche et le radoub de son bâtiment, veut mettre en gage ou bien vendre des marchandises, ou bien emprunter à la grosse sur le corps, la quille et la cargaison de son bâtiment, doit, à l'étranger, après en avoir constaté la nécessité par un procès-verbal signé des principaux de son équipage, s'y faire autoriser par le consul ou par le magistrat du lieu [1]. Ces formalités sont de rigueur pour tout emprunt à la grosse, et leur observation est indispensable pour lui conserver le privilége accordé par l'article 312 du Code de commerce [2].

106. — Faculté laissée au capitaine de disposer des fonds de l'armement.

Lorsqu'un bâtiment n'est pas assuré, ou qu'il ne l'est que pour perte totale, nul doute que le capitaine, pour diminuer, autant que possible, les charges de ses armateurs, et éviter le recours à la voie toujours onéreuse d'un emprunt à la grosse ou d'une vente de marchandises, ne doive, de préférence, acquitter ses dépenses de radoub en pays étranger, soit avec les fonds de l'armement qu'il a en sa possession, soit en tirant sur ses armateurs des traites causées en règlement de compte du navire [3]. C'est également ce que doit faire le capitaine en Angleterre, avant de recourir à l'emprunt à la grosse [4].

107. — De l'emprunt à la grosse contracté en Angleterre.

La loi française prescrit au capitaine, lorsqu'il veut emprunter à la grosse, de s'adresser au consul; mais que fera-t-il en Angleterre, là où il ne se trouvera pas de consul? Il faut d'ailleurs supposer le cas où il agit non-seulement pour le compte de ses armateurs, mais aussi pour le compte de négociants anglais, par exemple, si le chargement est anglais, et s'il est obligé d'emprunter sur la marchandise. Il deman-

---

[1] *Code de commerce*, art. 234.

[2] Arrêt de la Cour de Rouen du 28 novembre 1818, cité par De Clercq. — *Guide pratique des consulats*, p. 193.

[3] Arrêt de la Cour de Bordeaux du 3 avril 1844, cité par De Clercq. — *Guide pratique des consulats*, p. 194.

[4] *Manual for shipmasters*, p. 190.

derait à l'autorité locale l'autorisation d'emprunter à la grosse, que celle-ci lui refuserait un acte qui est en dehors de sa compétence. En ce qui concerne le navire, il pourra soumettre au consul le plus voisin le rapport affirmé par les gens de son équipage, et requérir l'autorisation d'emprunter ; mais il n'en devra pas moins, toutes les fois que l'emprunt à la grosse aura lieu sur un chargement étranger, se conformer aux dispositions de la loi anglaise [1].

108. — Conditions de l'emprunt à la grosse.

Si l'emprunt à la grosse, en Angleterre, n'est pas soumis à l'autorisation administrative, il n'en est pas moins assujetti à des conditions essentielles. Le prêt à la grosse doit être justifié par les circonstances ; il faut qu'il y ait nécessité de continuer le voyage, que l'emprunt ait lieu dans un port où les réparations sont devenues nécessaires, que le capitaine n'ait pas d'autre moyen de se procurer les fonds dont il a besoin [2] ; il faut, enfin que l'emprunt à la grosse ait été contracté dans l'intérêt commun [3]. Si le prêteur savait que le capitaine a du crédit sur la place, qu'il peut, au moyen d'un consignataire ou d'un agent, pourvoir à ses besoins, le contrat de grosse serait annulé [4].

109. — Emprunt à la grosse sur le navire et sur les marchandises.

On fait une distinction, en Angleterre, entre le prêt à la grosse qui a lieu sur le navire (*bottomry*) et le prêt à la grosse qui a lieu sur les marchandises (*respondentia*). Dans le premier cas, le prêteur ne court aucun risque, bien que les marchandises aient péri ; dans le second cas, le prêteur a droit au principal et profits maritimes, bien que le navire ait été perdu, et pourvu que les marchandises soient sauvées. Le contrat à la grosse n'est assujetti à aucune forme particulière, mais il doit mentionner les causes qui ont occasionné l'emprunt, la somme empruntée, le profit maritime, le nom du navire, le voyage qu'il entreprend, les risques qui doivent être supportés par le prêteur, et la

---

[1] Interprétation de l'article 31 de l'ordonnance du 29 octobre 1833.
[2] Lees, *Laws of shipping*, p. 333-334-338. — *Dana's seamen's friend*, p. 320. — *Manual for shipmasters*, p. 190.
[3] *Manual for shipmasters*, p. 185.
[4] *Manual for shipmasters*, p. 195. — *Dana's seamen's friend*, p. 321.

garantie du navire comme payement[1]. Bien que le prêt à la grosse puisse, en Angleterre comme en France, être fait par acte sous seing privé ou par acte authentique, il sera toujours préférable de souscrire cet emprunt devant un notaire. Tout capitaine qui veut emprunter à la grosse doit annoncer cet emprunt, au moins pendant huit jours, dans les deux journaux les plus importants de la localité. De cette manière, il fera appel à la concurrence, et payera une prime d'autant moins élevé

110. — Cas dans lequel le contrat à la grosse peut être modifié en Angleterre par les tribunaux.

Le contrat à la grosse stipule toujours un haut intérêt, qui, comme la prime d'assurance, varie selon les conventions des parties et les risques de mer auxquels sera exposé le prêteur. Mais si l'intérêt convenu est exorbitant, ou si l'emprunt est entaché de fraude, de connivence ou de violence, la cour d'amirauté, qui juge toutes les contestations en matière de contrats à la grosse, peut réduire les intérêts à un taux raisonnable. Il est essentiel, pour la validité d'un contrat à la grosse, que la garantie du payement repose seulement sur les objets engagés, et non sur d'autres obligations, c'est à dire les obligations personnelles du capitaine[3].

111. — Conditions du contrat à la grosse en Angleterre.

Les conditions du prêt à la grosse sont les mêmes qu'en France. Aux termes du Code de commerce, on peut emprunter pour tout le voyage ou pour une partie du voyage[4]. La somme principale et les profits maritimes mentionnés dans l'acte, sont exigibles au moment de l'arrivée ou après l'expiration d'un certain nombre de jours qui suivent l'arrivée du navire dans son port de destination. Dans le cas où le navire serait perdu avant son arrivée au port de destination, le

---

[1] *Abbott on shipping*, p. 125-133-143. — *Dana's seamen's friend*, p. 323. — Voy. *Code de commerce*, art. 311.

[2] *Manual for shipmasters*, p. 197. — *Dana's seamen's friend*, p. 322-323. — Voy. *Code de commerce*, art. 316-317.

[3] *Manual for shipmasters*, p. 193. — Voy. *Code de commerce*, art. 315. — *Abbott on shipping*, p. 133.

[4] *Code de commerce*, art. 311.

payement de la somme principale et du profit maritime ne pourra être exigé par le prêteur ; la perte sera supportée par lui, et à partir de ce moment, l'emprunt à la grosse sera nul [1].

112. — Emprunt à la grosse affecté sur le fret en Angleterre.

En France, l'emprunteur à la grosse ne peut engager que le navire et la cargaison ; en Angleterre, il peut également engager le fret. Lorsqu'un emprunt à la grosse a été contracté sur le navire et la cargaison, sans mentionner le fret, il a été décidé que, dans le cas où le navire ne suffisait pas pour payer le montant de l'emprunt, le fret devait être ajouté au navire, et il a même été décidé que le navire et le fret devaient être épuisés, avant que l'on exerçât un recours sur la cargaison [2].

113. — Emprunt à la grosse affecté sur le fret.

Bien que, en règle générale, le fret ne soit pas dû avant le voyage accompli, une partie du fret peut avoir été payée en avance, par suite d'une disposition spéciale de la charte-partie. Dans le cas où l'emprunt à la grosse a été contracté postérieurement aux avances qui ont été faites, cet emprunt ne peut être affecté sur le fret qui a été avancé de bonne foi. Si un capitaine, après avoir contracté avec une personne un emprunt à la grosse sur le navire et sur le fret, a frété son navire à un négociant, et que ce dernier ait stipulé, dans la charte-partie, qu'il lui avançait une partie du fret pour acquitter les dépenses déjà faites, et que la même charte-partie mentionne que le solde du fret doit être payé au porteur de l'acte de grosse, il a été décidé que l'affréteur n'a aucun recours à exercer ni contre le consignataire, ni contre l'endosseur du fret.

114. — Emprunt à la grosse sur la cargaison.

Le capitaine doit engager d'abord le navire et le fret ; ce n'est que lorsque la valeur du navire et du fret est insuffisante pour acquitter les réparations et mettre le navire en état de continuer son voyage et

---

[1] *Dana's seamen's friend*, p. 324. — *Manual for shipmasters*, p. 199.
[2] Lees, *Laws of British shipping*, p. 336-337.

de délivrer les marchandises au lieu de destination, que le capitaine a le pouvoir d'engager la cargaison [1]. Mais cette faculté elle-même est soumise à certaines conditions.

115. — Obligations du capitaine lorsqu'il emprunte à la grosse.

C'est ainsi qu'il a été décidé que le privilége obtenu par suite d'un emprunt était nul, parce que le capitaine avait engagé le navire, la cargaison et le fret, sans en avertir les propriétaires de la marchandise, qui se trouvaient dans le même pays que celui où avait eu lieu la relâche [2]. Lorsque l'emprunt à la grosse est fait dans le lieu de la demeure de l'affréteur, une simple annonce dans les journaux n'est pas considérée comme un avis suffisant, du moins en ce qui concerne les intérêts du propriétaire de la marchandise ou de l'affréteur [3].

116. — Concurrence de plusieurs emprunts à la grosse.

Si, dans le cours d'un voyage, il y a eu différents emprunts à la grosse, les uns affectés sur le navire et le fret, les autres sur le navire, le fret et la cargaison, ces emprunts sont répartis par la cour d'amirauté, conformément aux réclamations élevées sur la cargaison ou sur le navire et le fret [4]. S'il y a eu plusieurs emprunts pendant le même voyage, le dernier en date (s'il est démontré que ce dernier emprunt était absolument nécessaire, dans l'état du navire) est remboursé, de préférence aux sommes précédemment prêtées [5]. En cas de naufrage, le payement des sommes empruntées à la grosse est réduit à la valeur des effets sauvés et affectés au contrat, déduction faite des frais de sauvetage [6].

117. — Comment sont supportées les avaries particulières ou les avaries communes.

Aux termes de la loi française, les avaries particulières sont sup-

---

[1] Lees, *Laws of shipping*, p. 337. — *Manual for shipmasters*, p. 199-200.

[2] Lees, *Laws of shipping*, p. 336. — *Manual for shipmasters*, p. 202

[3] Lees, *Laws of shipping*, p. 356 — Voy. *Code de commerce*, art. 321.

[4] Lees, *Laws of shipping*, p. 337. — *Code de commerce*, art. 315.

[5] Lees, *Laws of shipping*, p. 337. — *Manual for shipmasters*, p. 198-199. — *Code de commerce*, art. 323.

[6] Lees, *Laws of shipping*, p. 337. — Voy. *Code de commerce*, art. 327.

portées et payées par le propriétaire de la chose qui a essuyé le dommage ou occasionné la dépense. Toutefois, les propriétaires des marchandises avariées conservent leur recours contre le capitaine, le navire et le fret, si l'avarie provient de la négligence ou de la faute soit du capitaine, soit de l'équipage [1]. Les avaries communes sont supportées par les marchandises et par la moitié du navire et du fret, au marc le franc de la valeur [2].

118. — De la contribution aux avaries communes en Angleterre.

Il en est de même en Angleterre.

La contribution frappe les propriétaires de tout ce qui a été sauvé, pour indemniser les propriétaires de tout ce qui a été perdu ou sacrifié; mais la contribution ne s'établit pas de la même manière. Le navire, le fret et la cargaison ne contribuent pas dans la même proportion. En France, on fait contribuer le navire et le fret pour la moitié de leur valeur ou de leur montant; en Angleterre, la contribution frappe le navire, eu égard à sa valeur au moment de son arrivée, c'est-à-dire la valeur de la coque, des mâts, des voiles, des vergues, selon l'estimation au port de déchargement. Si le navire qui a été réparé a éprouvé quelque dommage, il est de règle de déduire un tiers de la dépense totale, et de ne faire porter la contribution que sur les deux autres tiers. Si une partie du navire ou de l'ameublement a été sacrifiée, la valeur de la partie sacrifiée doit être ajoutée aux avaries; les victuailles et les contributions du navire ne contribuent pas [3].

119. — Contribution du fret.

Au lieu de calculer la contribution du fret d'après le montant, on prend, en Angleterre, le fret net, c'est-à-dire, après déduction des salaires des matelots, des droits de port, de feux et de pilotage, et autres charges désignées sous le nom de petites avaries (petty averages), dont la cargaison supporte les deux tiers, et le navire un tiers seulement. Le fret des marchandises jetées à la mer participe à la

---

[1] *Code de commerce*, art. 404-405.

[2] *Code de commerce*, art. 401.

[3] *Abbott*, p. 519. — Lees, *Laws of shipping*, p. 352-353. — *Dana's seamen's friend*, p. 332-333.

contribution commune. C'est après avoir été déchargé de ces différents frais, que le fret forme la valeur contributive [1].

120. — Contribution des marchandises.

Tous les objets, toutes les marchandises chargées à bord d'un navire en vue d'un trafic, qu'ils appartiennent à des négociants, à des passagers, à l'armateur ou au capitaine, de quelque nature, valeur ou poids qu'ils soient, contribuent. L'or, l'argent, les pierres précieuses et autres articles de valeur contribuent. Mais, comme il est de règle que « ce qui ne paye pas de fret, ne paye pas d'avaries », les effets et habillements appartenant aux passagers et à l'équipage, les approvisionnements du navire ne contribuent pas ; de même les loyers des matelots et les contrats à la grosse sont affranchis de la contribution [2].

121. — Contribution des marchandises (suite).

Il est de règle générale de déterminer la valeur contributive des marchandises, d'après les prix de vente du port où se fait le règlement, déduction faite des frais de transport, différents droits et frais de débarquement. Si, par suite d'une avarie éprouvée au commencement du voyage, le navire est contraint de retourner au port de chargement, et que le règlement d'avaries ait lieu dans ce port, les marchandises sont évaluées aux prix de facture [3].

122. — Manière d'établir un règlement d'avaries.

Ainsi donc, pour établir un règlement d'avaries, il faudra d'abord tenir compte de toutes les pertes qui doivent être remboursées par la contribution commune, ensuite déterminer la valeur des objets qui doivent contribuer aux pertes, en comprenant parmi ceux-ci les marchandises jetées à la mer, car, autrement, les propriétaires de ces marchandises recevraient leur valeur entière, et ne contribueraient en rien à la perte. Voici d'abord comment l'on calculera les pertes :

---

[1] *Abbott*, p. 549. — Lees, *Laws of shipping*, p. 352-353. — *Dana's seamen's friend*, p. 333.

[2] *Abbott on shipping*, p. 549, — Lees, *Laws of shipping*, p. 352.

[3] *Abbott on shipping*, p. 553. — Lees, *Laws of shipping*, p. 353. — *Dana's seamen's friend*, p. 333.

MONTANT DES PERTES :

Marchandises de A jetées à la mer.............		500 liv. sterl.
Avaries aux marchandises de B par suite du jet.		200
Fret des marchandises jetées à la mer.........		100
Prix d'un nouveau câble, d'une ancre et d'un mât................... ...	300 liv. sterl.	
Déduction d'un tiers.........	100	
	200 liv. sterl.	200
Frais pour relever le navire....		50
Pilotage, droits de port, etc....................		100
Dépenses faites dans le port....................		25
Répartition d'avaries.........................		4
Ports de lettres.............................		1
Total des pertes..............		1,180 liv. sterl.

On suppose que la valeur contributive aura été estimée ainsi qu'il suit :

Marchandises de A jetées à la mer.........	500 liv. sterl.
Valeur des marchandises de B, déduction faite du fret et des charges......................	1,000
Marchandises de C...............	500
de de D...............	2,000
de de E...............	5,000
Valeur du navire.......................	2,000
Fret net, déduction faite des loyers, etc.....	800
Total de la valeur contributive..	11,800 liv. sterl.

Les pertes étant de 1,180 livres sterling et la valeur des objets qui contribuent, 11,800 livres, chacun de ceux qui ont à contribuer aura à supporter une perte de 10 pour cent qui se répartit ainsi :

A	perd	50 liv. sterl.
B	—	100
C	—	50
D	—	200
E	—	500
Les propriétaires du navire		280
Total...........		1,180 liv. sterl., montant des pertes.

Les propriétaires du navire ont à payer 280 livres, mais ils en reçoivent 380, pour les indemniser des dépenses qu'ils ont faites, et 100 livres en plus, pour le fret des marchandises jetées à la mer, soit, en tout, 480 livres, moins 280 livres.

En réalité, les propriétaires du navire ont à recevoir :	200 liv. sterl.
A contribue pour 50 livres sterling, mais il a perdu 500 ; il recevra donc..............................	450
B contribue pour 100, mais il a perdu 200 ; il recevra donc...........	100
Total..........................	750 liv. sterl.

D'autre part, C, D et E, qui n'ont rien perdu, auront à payer, savoir :	C........	50
	D........	200
	E........	500
Total.........		750 liv. sterl. [1].

123. — Où doit-être fait le règlement d'avaries.

Il est de règle, ainsi qu'on l'a vu plus haut, que le règlement d'avaries doit toujours être fait au port de destination ou de déchargement, et conformément aux lois et usages de ce port [2]. Dans un règlement d'avaries fait à Saint-Pétersbourg, les propriétaires de la marchandise, sujets anglais, ont eu à payer une contribution qui, en Angleterre, n'était pas avarie grosse, et il a même été décidé par des tribunaux anglais, que ceux-ci ne pourraient recouvrer la cargaison, sans avoir payé la contribution à l'armateur, qui était sujet anglais [3].

124. — Obligations des capitaines après les réparations.

Le capitaine doit recueillir avec le plus grand soin tous les comptes, reçus et quittances qui doivent servir de pièces justificatives au montant des réparations d'avaries qu'il a effectuées, et il agira prudemment en se faisant remettre des duplicata de ces différentes pièces justificatives ;

---

[1] *Abbott on shipping*, p. 552.
[2] *Dana's seamen's friend*, p. 338. — Lees, *Laws of shipping*, p. 487.
[3] *Dana's*, p. 333-334.

il devra également en faire faire la traduction, et faire viser ces pièces par l'autorité consulaire, lorsqu'il doit les envoyer en France. Si ce sont des avaries particulières, il transmettra ces documents à ses armateurs ; si ce sont des avaries communes, qui peuvent être réglées soit au port de chargement, soit au port de déchargement, il en fera la remise au répartiteur chargé de déterminer le règlement d'avaries [1].

125. — Comment l'avarie doit être réglée.

L'avarie simple ou particulière, retombant à la charge de la chose qui a souffert le dommage, n'a pas besoin d'être réglée. Il n'y a donc que l'avarie grosse qui ait besoin d'être constatée et répartie en forme, puisque c'est la seule dont les frais se couvrent à l'aide d'une contribution [2]. La loi française dispose que l'état des pertes et dommages se fera dans le lieu de déchargement du navire, à la requête du capitaine, par experts nommés par le consul ou le magistrat du lieu [3].

126. — Du règlement d'avaries en France.

Il a été consacré en France que les actes des consuls étrangers qui reçoivent les rapports de leurs nationaux ne constituent nullement des actes de juridiction ; ces actes ne déterminent donc pas le règlement des avaries. Ils ne peuvent être produits que pour servir de base à un règlement, et comme instruments probants pouvant être débattus par tous les éléments contraires, de telle sorte que les tribunaux français conservent l'indépendance de leur juridiction. La même règle est consacrée en Angleterre.

127. — Tribunaux devant lesquels sont décidées les questions d'avaries en Angleterre et en France.

Toutes les contestations d'avaries, comme les autres contestations civiles, sont encore décidées par les cours de droit commun, la cour du Banc de la reine, la cour des Plaids communs et la cour de l'Échiquier. Chacune de ces cours se compose d'un lord chief et de quatre autres juges ; en Irlande, d'un juge supérieur et de trois autres juges

---

[1] *Letters to a young mariner*, p. 81.
[2] De Clercq, *Guide des consulats*, p. 187.
[3] *Code de commerce*, art. 414.

inférieurs. Si ces juges ne sont pas d'accord entre eux, ils forment une cour générale qui se compose des membres des trois cours ; cette cour est appelée chambre de l'Échiquier, et juge tous les appels portés devant elle contre les jugements des trois cours de droit commun. La chambre des Lords (Law Lords) est la cour suprême d'appel contre tous les jugements des cours de droit commun.

128. — Disposition adoptée en Angleterre connue sous le nom de *ne exeat regno*.

Il importe de remarquer que les juges de droit commun sont autorisés à faire arrêter tout étranger qui est sur le point de quitter le Royaume-Uni pour se rendre dans un pays d'outre-mer. Des commissaires sont spécialement désignés pour exercer ces pouvoirs en Angleterre. En Irlande, la même règle s'applique aux sujets britanniques, dans les circonstances analogues et dans tous les cas où la réclamation ne s'élève pas au-dessus de 20 liv. sterl.

129. — Du règlement d'avaries en France et en Angleterre.

On a vu plus haut que la nomination d'experts ou répartiteurs chargés d'établir la répartition des avaries, était le plus souvent constituée au moyen de cet acte que l'on appelait *obligation d'avaries*. En France, il est nécessaire d'obtenir l'homologation du tribunal pour rendre exécutoire l'état de contribution. En Angleterre, le règlement d'avaries n'est pas homologué et, par suite, n'est pas rendu exécutoire. Mais c'est un principe établi devant toutes les cours d'Angleterre que le règlement d'avaries oblige à la fois les chargeurs et les assureurs [1].

130. — Tribunaux devant lesquels sont jugées les questions d'avaries en Écosse.

En Écosse, toutes les contestations d'avaries sont jugées par les sherifs, lorsque le montant de la réclamation n'excède pas 25 liv. sterl. ; par la cour de Session, qui a une juridiction sur toutes les affaires civiles, lorsque la réclamation s'élève au-dessus de cette somme. Cette cour se compose d'un lord président, d'un lord juge et de onze juges. Il y a deux chambres civiles qui exercent les mêmes fonctions : la pre-

---

[1] *Manual for shipmasters*, p. 133. L'on vient de présenter au Parlement un bill ayant pour objet de rendre immédiatement, comme en France, les règlements d'avaries exécutoires.

mière est composée du lord président et de trois juges ; la seconde, du lord juge et de trois juges. Les cinq autres membres de la cour siégent séparément, pour juger les causes en première instance, et sauf appel à l'une des deux Chambres. Toutes les règles applicables aux cas maritimes sont les mêmes que celles qui ont été reconnues en Angleterre et en Irlande.

131. — Actes qui modifient l'ancienne juridiction.

Deux actes récents sont intervenus, qui ont apporté quelques modifications à la compétence en matière d'avaries, et qui ont transporté une partie des attributions des cours de droit commun aux cours de comtés ou aux cours locales en première instance , et aux cours d'amirauté en cas d'appel. Le premier de ces actes, exclusivement relatif à l'Angleterre, est celui du 31 juillet 1868 ; le second , exclusivement relatif à l'Irlande, est celui du 20 août 1867. Quant à l'Écosse, son organisation est restée la même. Toutes les contestations d'avaries sont jugées par la cour de Session, jugeant soit en première instance, soit en appel.

132. — Acte relatif à l'Angleterre.

Aux termes du nouvel acte, relatif à l'Angleterre, « les cours de « comtés peuvent être saisies de toutes réclamations pour remorquage, « nourriture ou salaires dans lesquelles le montant réclamé n'excède « pas cent cinquante livres ; de toutes réclamations de dommages sur- « venus à la cargaison , ou de dommages par suite d'abordage, dans « lesquelles le montant réclamé n'excède pas trois cents livres [1] ». La haute cour d'amirauté , en Angleterre, peut, dans certains cas et à la demande des parties intéressées, transporter devant elle une contestation ressortant d'une cour locale , ou transférer cette contestation d'une cour locale à une autre [2].

133. — Compromis signé par les parties.

De même que dans les réclamations de sauvetage, les parties intéressées peuvent convenir, au moyen d'une lettre signée par elles,

---

[1] Art. 3, § 2 et 3.
[2] Art. 6, 7 et 8.

leurs procureurs ou leurs agents, qu'elles soumettent l'objet de leur différend à la cour de comté, siégeant comme cour d'amirauté, alors même que le montant de l'objet réclamé dépasserait la valeur spécifiée par la loi nouvelle [1].

134. — Autorisation de la saisie du navire.

Ainsi qu'on l'a vu plus haut, si le demandeur établit devant la Cour qu'il est probable que le navire ou l'objet de la réclamation peuvent être distraits de sa juridiction avant la décision du juge, celui-ci ou, en son absence, le greffier, peuvent délivrer un mandat autorisant la saisie du navire, jusqu'à ce que le défendeur ait offert une caution, non-seulement du montant de la réclamation, mais encore des frais de procédure. Hors ce cas, les cours de comtés ne pourront autoriser la saisie d'un navire ou de l'objet en litige que lorsqu'il s'agira de mesures d'exécution [2].

135. — Appel devant la cour d'amirauté d'Angleterre.

Il peut être appelé, à la haute cour d'amirauté d'Angleterre, de tous les jugements définitifs rendus par une cour de comté, et, avec la permission du juge, d'un jugement interlocutoire, pourvu qu'il soit donné caution [3]. L'appel doit être porté sur les registres de la haute cour, dans les dix jours du jugement ; mais le juge peut autoriser l'appel après ce délai, s'il lui est démontré que cette omission a une cause légitime [4]. Il n'y a pas lieu à l'appel, lorsque les parties sont convenues entre elles que le jugement intervenu aurait pour elles force de chose jugée [5]. Aucun appel ne sera admis, si le montant fixé dans le premier jugement ne dépasse pas 50 livres [6]. La partie qui succombe supportera les frais, à moins que la cour n'en décide autrement [7].

---

[1] Acte du 31 juillet 1868, art. 3, § 4.
[2] Acte du 31 juillet 1868, art. 22.
[3] Art. 26.
[4] Art. 27.
[5] Art. 28.
[6] Art. 29.
[7] Art. 30.

136. — Acte relatif à l'Irlande.

L'acte spécialement relatif à l'Irlande, en date du 20 août 1867, a attribué à la haute cour d'amirauté la connaissance de toutes les réclamations de dommages reçus ou causés par un navire, ou de dommages causés à la marchandise[1]. Il leur a attribué la même juridiction en matière de remorquage. Le juge de cette cour a tous les pouvoirs qui appartiennent aux cours supérieures de droit commun ; il peut interroger les parties et les obliger à produire tous les documents qui sont en leur pouvoir[2]. Il peut, ainsi que le greffier, déférer le serment[3]. Mais la partie à la demande de laquelle un objet a été saisi, sera exposée à être condamnée à tous les frais et dommages, à moins de prouver que, sans cette saisie, elle n'était pas garantie de la somme qui donne lieu à l'instance, ou qu'elle avait de bonnes raisons pour provoquer la délivrance du mandat de saisie[4].

137. — Acte relatif à l'Irlande (suite).

Les cours locales, en Irlande, ont la juridiction maritime, dans les cas ci-dessus spécifiés, avec tous les pouvoirs appartenant à la cour d'amirauté :

1° Si le montant ou la valeur de la somme ou de la chose en litige n'excède pas 200 livres ;

2° Si le montant ou la valeur de la somme ou de la chose en litige excède 200 livres, mais que les parties sont convenues entre elles ou par leurs agents que les cours spécifiées par elles auront cette juridiction ;

3° Si l'acte a prévu le cas qu'une affaire serait retenue ou portée devant une cour locale, par exemple, si cette affaire avait été instruite mal à propos devant la cour d'amirauté, ou que cette dernière jugeât préférable d'en réserver la connnaissance à une cour locale[5]. L'appel

---

[1] Acte du 31 juillet 1868, art. 28, 29 et 37.
[2] Art. 41.
[3] Art. 46.
[4] Art. 47.
[5] Acte de 1867, art. 74, 77 et 78.

des cours locales est porté devant la cour d'amirauté, dans un délai de quinze jours, et l'appel des jugements de la cour d'amirauté devant la cour d'appel de chancellerie en Irlande et de la Reine en conseil [1].

138. — Conseils aux capitaines en cas de litige.

Ainsi donc, excepté s'il s'agit d'avaries survenues à la cargaison, de dommages causés ou reçus par un navire dans un abordage, il faudra toujours recourir aux anciennes cours pour obtenir justice. Cette législation ne remédie que d'une manière très-imparfaite à un état de choses dont on a si souvent signalé les inconvénients. Il est vrai de dire que, dans ce moment-ci, des efforts se font pour étendre la compétence des cours locales. La chambre de commerce de Newcastle a exprimé le désir qu'à l'avenir toutes les questions maritimes, sans exception, fussent déférées aux cours de comtés. C'est dans ce sens qu'un nouveau bill a été rédigé, et ce bill est aujourd'hui soumis aux délibérations du Parlement.

139. — Conseils aux capitaines en cas de litige (*suite*).

En présence de la législation actuelle, le capitaine devra, dans tous les cas, recourir d'abord aux voies de conciliation. Si l'affaire qui est l'objet d'un litige doit donner lieu à une transaction, il devra faire des offres à la partie adverse; il devra surtout éviter d'engager une procédure longue et coûteuse, et, par conséquent, de s'adresser aux cours qui ne sont pas sur les lieux, à moins que les intérêts qu'il défend ne soient d'une haute importance, et qu'il ne soit manifestement lésé. Même dans le cas où il aurait l'espoir de terminer une contestation à l'amiable, le capitaine ne pourra jamais se passer de l'assistance d'un avocat. Cette assistance lui sera nécessaire, ne fût-ce que pour se mettre à l'abri des chicanes et remplir toutes les formalités légales.

140. — Conseils aux capitaines en cas de litige (*suite*).

Le capitaine peut cependant, on l'a vu, s'adresser aujourd'hui, dans certains cas, aux cours locales ou cours de comtés. Il peut même choisir cette juridiction en signant le compromis qui permet d'étendre la

---

[1] Acte de 1867, art. 87, 88 et 91.

compétence de ces cours. Il est à regretter que cette compétence soit encore aussi limitée, sous le rapport des affaires qui leur sont attribuées. D'après le nouveau bill soumis à la Chambre des Communes, les cours de comtés seraient appelées à connaître de toutes les questions concernant les affrétements, les assurances, les avaries, en un mot, de toutes les questions maritimes. Tant que cette dernière réforme de la législation anglaise n'aura pas été accomplie, on ne saurait trop recommander aux capitaines de ne recourir à la voie judiciaire qu'après avoir épuisé tous les moyens d'arrangement à l'amiable.

Paris. — Impr. PAUL DUPONT, 41, rue J.-J.-Rousseau (hôtel des Fermes).

Paul Dupont, rue Jean-Jacques-Rousseau, 41, ... des Fermes.

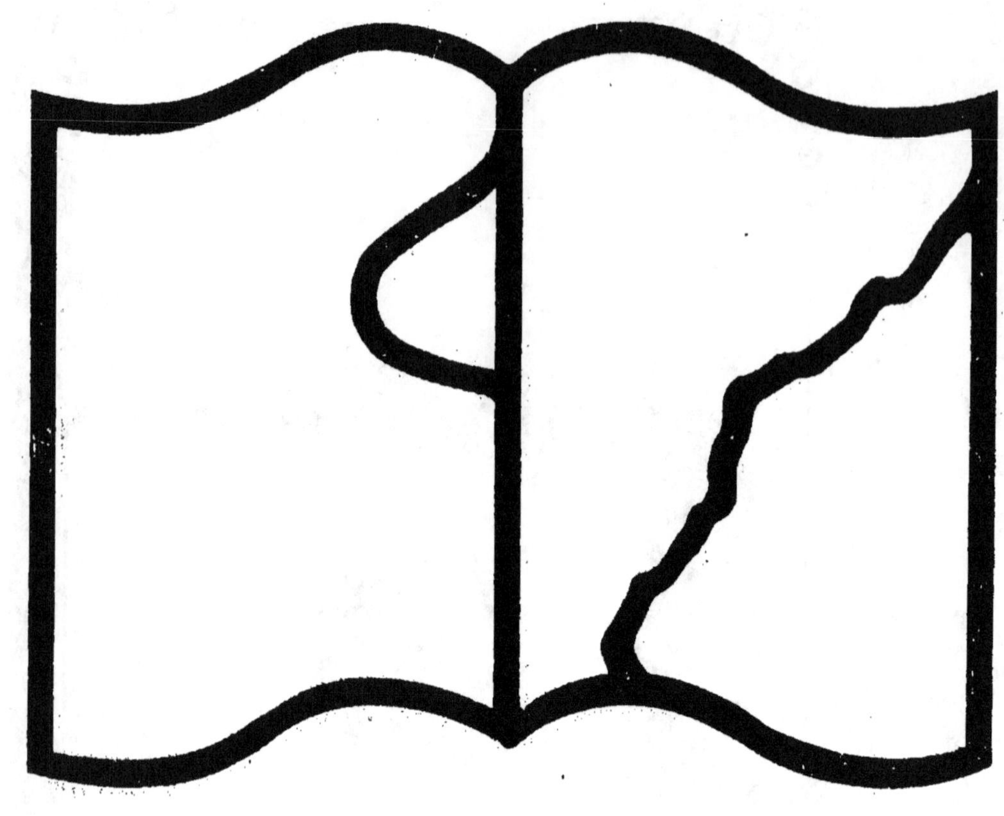

Texte détérioré — reliure défectueuse

NF Z 43-120-11

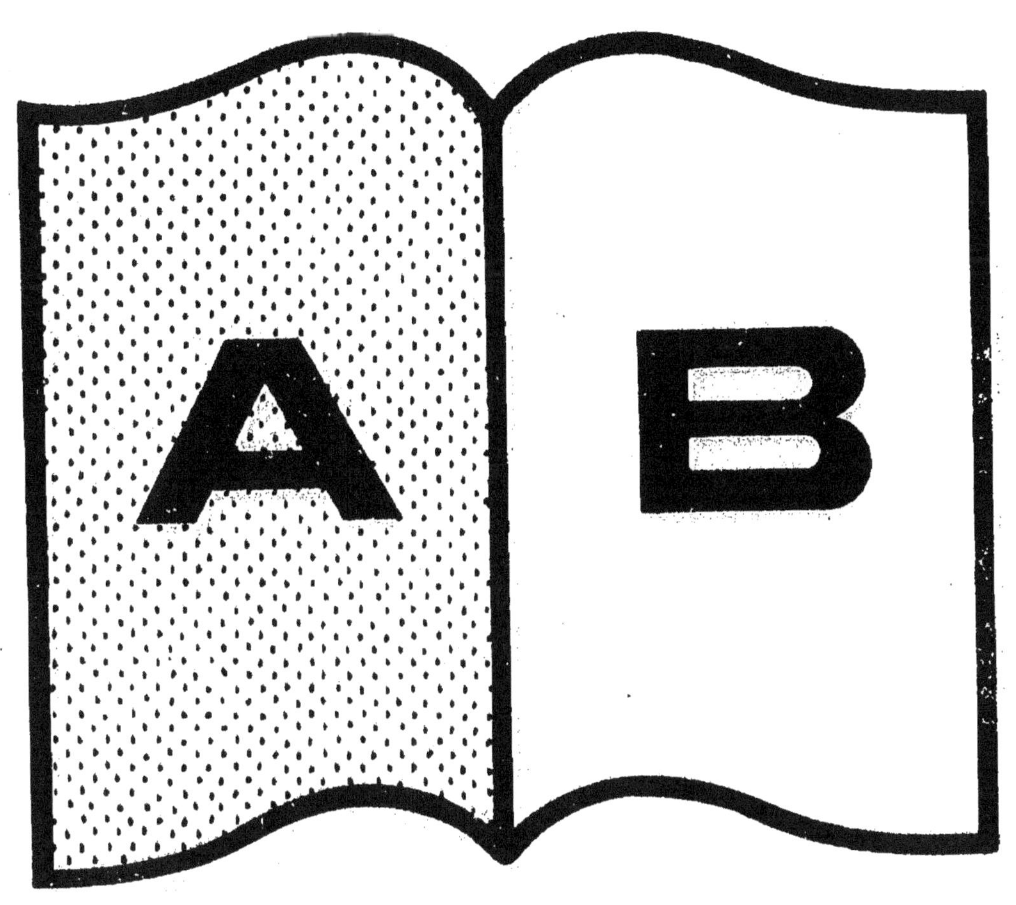

Contraste insuffisant

NF Z 43-120-14